21 DÍAS *de* ORACIONES *poderosas para alcanzar* EL CIELO

21 DÍAS *de* ORACIONES *poderosas para alcanzar* EL CIELO

El poder del acuerdo

JIM MAXIM

con Cathy Maxim y Daniel Henderson

A menos que se indique lo contrario, todas las citas de la Escritura han sido tomadas de la *Santa Biblia, Versión Reina-Valera 1960*, RVR, © 1960 por las Sociedades Bíblicas en América Latina; © renovado 1988 por las Sociedades Bíblicas Unidas. Usadas con permiso. Las citas de la Escritura marcadas (NVI) son tomadas de la *Santa Biblia, Nueva Versión Internacional*®, NVI®, © 1999 por la Sociedad Bíblica Internacional. Usadas con permiso. Reservados todos los derechos. Las citas de la Escritura marcadas (NTV) son tomadas de la *Santa Biblia, Nueva Traducción Viviente*, NTV, © 2008, 2009 Tyndale House Foundation. Usadas con permiso de Tyndale House Publishers, Inc., Wheaton, Illinois 60189. Todos los derechos reservados. Las citas de la Escritura marcadas (TLA) son tomadas de la versión *Traducción en lenguaje actual*, tla, © 2000 por las Sociedades Bíblicas Unidas. Usadas con permiso. Las citas bíblicas marcadas (NBLA) son tomadas de *Nueva Biblia de las Américas*™ NBLA™ Copyright © 2005 por The Lockman Foundation.

21 días de oraciones poderosas para alcanzar el cielo
El poder del acuerdo

Traducción al español por:
Belmonte Traductores
www.belmontetraductores.com

Edición: Henry Tejada Portales

Negrita y cursiva en las citas de la Escritura, indica énfasis del autor.

ISBN: 979-8-88769-298-2
eBook ISBN: 979-8-88769-299-9

Impreso en los Estados Unidos de América

Whitaker House
1030 Hunt Valley Circle
New Kensington, PA 15068
www.espanolwh.com

Por favor, envíe sugerencias sobre este libro a: comentarios@whitakerhouse.com.

3 4 5 6 7 8 9 10 11 12 25 24 23 22 21 20 19 18

Dedicatoria

Este libro está dedicado a todos los pastores que trabajan en la viña de Dios para fortalecer a sus santos. Es nuestro deseo que este libro sea una herramienta que ayude a los pastores a movilizar a sus iglesias en la renovación de sus oraciones colectivas y personales.

Contenido

Prólogo

La oración es la fuente de la vida cristiana; el salvavidas del cristiano. Como escribí en mi libro *Fuego vivo, viento fresco*: "Sería como tener en nuestros brazos a un bebé que vestimos con ropa hermosa, ¡pero que no respira! Olvidemos la ropa; *hay que estabilizar los signos vitales del bebé*". Todos necesitamos la ayuda del Espíritu y su apoyo práctico para hacer de la oración el órgano vital que Dios quería que fuera en nuestras vidas.

A medida que crecemos en la oración, pronto aprendemos que una de las áreas más importantes en la que debemos enfocarnos es la de orar por los líderes de la iglesia. El apóstol Pablo rogaba con frecuencia a las primeras iglesias que oraran por él (véase Romanos 15:30-33; Efesios 6:18-19; Colosenses 4:3; 1 Tesalonicenses 5:25; 2 Tesalonicenses 3:1). Si el gran apóstol necesitaba oración, ¿cuánto más necesitarán los líderes de la iglesia en la actualidad nuestro apoyo en intercesión? Pastorear en el siglo XXI significa enfrentar desafíos inmensos y a menudo malintencionados. Lo mejor que podemos hacer por nuestros líderes no es reprenderlos ni tampoco llevarlos a cenar el domingo. Lo mejor, sin duda, es orar por ellos diaria y fervientemente.

Estoy agradecido por este valioso recurso compilado por mis amigos Jim y Cathy Maxim, y Daniel Henderson; esta guía inspirará su vida de oración mediante profundas lecturas diarias. Además, usted será capacitado para orar por sus líderes de la iglesia de manera efectiva, con un entendimiento bíblico y con amor cristiano.

Jim Maxim es un hombre de negocios exitoso que tiene una extraordinaria pasión por la oración. Moviliza a pastores para que oren juntos y lidera encuentros de intercesión poderosa por los líderes de la iglesia a través de su ministerio *Acts 413* por toda la ciudad. El pastor Daniel Henderson y yo hemos trabajado juntos para retar a nuestros compañeros pastores de todo el país a guiar a sus iglesias en oración. Daniel y yo colaboramos en una comunidad de pastores que oran: *Fellowship 6:4*, la cual invita a los líderes de iglesias a hacer que la oración y el ministerio de la Palabra sean realmente vitales en sus vidas e iglesias.

En este libro tan útil, Jim, su esposa Cathy, y Daniel, han combinado su pasión con sus enseñanzas para darle un impulso necesario a su vida de oración que le lleve a una convicción más profunda acerca de orar por su iglesia y sus líderes ministeriales. Estoy agradecido por la amistad de estos queridos hermanos y hermanas, y sé que esta nueva herramienta le ayudará a usted a honrar a Cristo en la medida que experimente un mayor enfoque y lleve más fruto en su vida de oración.

—Pastor Jim Cymbala
The Brooklyn Tabernacle

Introducción

¿Hay cosas en su vida personal, en las vidas de sus seres queridos o en su vida en la iglesia que tienen que cambiar para mejor? ¿Está preparado para un antes y un después en esas situaciones difíciles? ¿Sabe que Dios está esperando que su pueblo clame a Él en oración?

La oración de acuerdo es uno de los regalos más poderosos que Dios nos ha dado para obtener la victoria en nuestra vida cristiana. El propio Jesús proclamó: *Otra vez os digo, que si dos de vosotros se pusieren de acuerdo en la tierra acerca de cualquiera cosa que pidieren, les será hecho por mi Padre que está en los cielos. Porque donde están dos o tres congregados en mi nombre, allí estoy yo en medio de ellos* (Mateo 18:19-20).

Dios ha declarado que su poder reside en el centro de nuestras oraciones de acuerdo. Dios es nuestro Padre, y siempre podemos acercarnos a Él en oración; sin embargo, Él nos anima insistentemente a hacer juntos oraciones poderosas estando de acuerdo. Dios nos ha prometido que Él responderá a esos tiempos de oración enfocada cuando buscamos juntos su rostro. Segunda de Crónicas 7:14 dice: *Si se humillare mi pueblo, sobre el cual mi nombre es invocado, y oraren, y buscaren mi rostro, y se convirtieren de sus malos caminos; entonces yo oiré desde los cielos, y* ***perdonaré sus pecados, y sanaré su tierra.***

Por fortuna, cualquiera que ya sea hijo o hija de Dios tiene el privilegio de pasar tiempo con Él en oración cualquier día y a cualquier hora; pero durante estos próximos veintiún días las cosas serán muy diferentes porque nos acercaremos juntos a Dios y experimentaremos momentos de intimidad e intercesión que cambiarán para siempre el modo en que oramos, pensamos y actuamos con respecto al regalo de la oración.

Durante estos veintiún días verá un cambio dinámico en su vida personal de oración y en la de su iglesia. Descubrirá el poder de la oración de acuerdo y la manera en que le bendecirá eternamente a usted y a aquellos a quienes ama. ¡Podemos hacer más a través de la oración que con todas nuestras acciones en nuestras propias fuerzas!

¿Cómo puede usted participar de estos veintiún días de oración? Hemos hecho que este tiempo de oración sea interactivo para que pueda leerlo con un compañero de oración con el cual se ponga de acuerdo para esperar las respuestas de Dios. Al final de cada lectura devocional puede visitar www.acts413.net y acompañarme a mí (Jim Maxim), a Cathy Maxim y a Daniel Henderson en un tiempo poderoso de oración de acuerdo que lo tenemos en idioma inglés. Entraremos juntos en la presencia de Dios a diario, orando para que el poder del Espíritu Santo se manifieste en sus circunstancias trayendo a su vida y a las de sus seres queridos el cambio que necesitan.

Daniel, Cathy y yo estamos convencidos de que estos próximos veintiún días de oración serán un punto de inflexión en su relación con Dios. Cambiarán su vida personal porque su "Papá", el Dios todopoderoso, le abrazará como usted necesita en este momento o de una manera que nunca antes ha experimentado. Juntos, iremos ante su trono llevando sus preocupaciones y las de sus seres queridos en oración. Creeremos su Palabra y entraremos a la intimidad que Él ha reservado para toda su familia. Aprenderemos a orar juntos con las Escrituras y la dirección del Espíritu Santo. Como pueblo de Dios, cuando reconocemos que Él no solo es fiel a su Palabra sino que también *es* su Palabra, ¡comenzaremos a ver lo que la oración realmente puede hacer!

También oraremos juntos con fervor por nuestros pastores y sus familias. Los cubriremos con el "escudo de la fe" y clamaremos por ellos ante el Dios todopoderoso, pidiéndole que los bendiga, los anime y los fortalezca. Nuestros pastores están bajo un ataque tremendo en la cultura actual, y necesitan nuestras oraciones y ánimo en todas las áreas de sus vidas. Dios estará muy complacido con su iglesia cuando nos tomemos el tiempo, desinteresadamente, para interceder por ellos. Recuerde que un pastor saludable significa una iglesia saludable. ¡Y una iglesia saludable cambia el mundo!

Cada día de oración será diferente porque nos enfocaremos en una escritura en particular, en un área de comunión con Dios, en peticiones que pondremos en oración y en ánimo espiritual. Es nuestro deseo que pueda entrar a una vida de comunión con su Padre celestial, con su Hijo Jesús y con el Espíritu Santo. Oramos con fervor para que la presencia de Dios en su vida sea tan contagiosa, que Él use su nueva pasión por la oración para prender la chispa en su pastor, en su iglesia, en su propia vida personal y en sus seres queridos, ¡haciendo que todos ardan para su gloria!

Por favor, únase a nosotros en este viaje de veintiún días a medida que entramos en la presencia de Dios y descubrimos el poder ilimitado de la oración de acuerdo para producir cambios eternos en nuestras vidas.

—Jim y Cathy Maxim, y Daniel Henderson

¡Usted puede unirse a la experiencia interactiva de *21 días de oraciones poderosas para alcanzar el cielo*!

Para ayudarle en este viaje de oración, usted puede complementar la lectura de este libro accediendo vía internet a una lista de reproducción de oraciones diarias en idioma inglés.

Si desea acceder a estas oraciones, el proceso funciona así:

1. Lea el devocional para ese día.
2. Acceda a cualquiera de las siguientes páginas:

   www.acts413.net/21days
   www.strategicrenewal.com/21days

3. Escuche las oraciones que corresponden a ese día.
4. Ore para que el Todopoderoso haga cambios sorprendentes en su vida, para su gloria y para el bien de usted.
5. Comparta este recurso con sus hermanos y hermanas en Cristo para que todos estemos en el mismo espíritu.

De no usar los recursos complementarios en inglés, sigue siendo importante que usted sea un lector interactivo e intencional, usando siempre los pasos 4 y 5.

Esperamos que esta sea una herramienta poderosa para transformar su vida de oración y ayudarle a entrar en la presencia de Dios a diario.

Parte 1: Trasfondo

Capítulo 1

La oración en la iglesia: Historia de dos barcos

"¿Acaso no es posible que la oración sea el eslabón perdido que Dios nos ha dado?".

—*Jim Maxim*

Dos barcos del mismo tamaño abandonan el puerto para adentrarse en el mar. Navegan en la misma dirección, pero después uno de ellos comienza a desviarse de la ruta apuntando a estribor y moviéndose hacia un rumbo diferente.

Desde la proa ambos barcos parecen idénticos, como muchas iglesias en la actualidad. Tienen los mismos departamentos; cada una de ellas tiene un grupo de alabanza, un programa para niños, un ministerio de jóvenes, instalaciones para la guardería, un santuario, oficinas del pastor, una cafetería y demás cosas. Las dos hacen actividades para alcanzar a la comunidad, patrocinan viajes misioneros, tienen conferencias de enseñanza de la Biblia y utilizan lo último en tecnología y recursos audiovisuales. Incluso la gente parece vestir de modo parecido.

Sin embargo, al observar los lados de babor y estribor de los barcos, nos damos cuenta de que no son iguales en absoluto. Uno de los barcos tiene un cuarto de oración en un pequeño rincón de la popa. Aunque este barco parece tener más brillo que el otro, hay muchas cosas que lo hacen pesado (cosas que se ven oxidadas, viejas y rotas) y hacen que se desvíe del rumbo. Los laterales del barco están cubiertos de percebes (crustáceos que viven adheridos a las rocas), que de manera lenta e imperceptible van dañando el casco. Todos los pasajeros a bordo siguen con su vida como siempre, caminando con normalidad o incluso algo de arrogancia, o simplemente concentrados en lo que están haciendo y tomando decisiones sobre la marcha.

El segundo barco tiene los mismos departamentos que el primero, pero por toda la extensión de sus cubiertas hay personas orando a Dios, clamando a Él, adorándolo y pidiéndole que derrame su presencia sobre ellas. Algunas de las personas están postradas, otras están de rodillas, sentadas o de pie. Todas están orando y esperando activamente en el Señor. Tienen un hambre intensa de Él, y su actitud se siente en todo el barco.

Este barco avanza con facilidad y más rápidamente sobre el agua que el primero, aunque las olas lo golpean con más intensidad. No hay brillos, ni percebes ni óxido, sino que avanza con rapidez entre las olas que arrecian.

La pregunta que el Señor está poniendo en mi corazón hacerles a los pastores y sus congregaciones es esta: ¿en cuál de los barcos preferirían estar?

EL RETO DE LA ORACIÓN

¿Por qué es tan difícil orar? ¿Por qué nosotros, siendo la iglesia de Jesucristo, no nos tomamos la oración tan en serio como lo hizo Jesús? ¿Por qué muchos de nosotros decimos que oramos y que creemos que Dios responde a las oraciones, pero no participamos en reuniones de oración colectivas? ¿Por qué no queremos juntarnos como cuerpo de creyentes para pedirle a Dios con sinceridad y creer que Él responderá a nuestras oraciones? Después de todo, la iglesia nació en una reunión de oración en el aposento alto.

Sé que los pastores muchas veces no piden a sus congregaciones que se reúnan regularmente para buscar a Dios juntos en oración porque saben que la gente no sacará el tiempo para acudir. Esto me lleva a una pregunta importante: ¿por qué el privilegio de la oración en comunidad se ha vuelto tan poco atractivo para los cristianos?

Creo, sinceramente, que la mayoría de las veces nuestro nivel de expectativa de que Dios intervenga verdaderamente es bajo; ¡tan bajo que tan solo esperamos que Dios responda a las oraciones que casi podemos cumplir nosotros! ¡Eso no requiere mucha fe! Una de las razones por las que es casi imposible que las iglesias tengan una buena respuesta ante las iniciativas de reuniones de oración es porque la mayoría de los cristianos no creen que Dios responde oraciones que mueven montañas (véase Mateo 17:20).

¿Puede imaginar cómo sería una iglesia que se reuniera regularmente para buscar el rostro de Dios con un corazón humillado y contrito? ¿Acaso no dice Dios que Él no ignorará un espíritu quebrantado y un corazón humilde y contrito? (véase Salmos 51:17). La ignorancia de los resultados de la oración es, seguramente, la razón más importante por la que las iglesias no ponen en práctica el magnífico regalo y privilegio de orar juntos. A lo largo de la Biblia, Dios nos anima a utilizar el poder de la oración que puede cambiarlo todo en nuestras vidas:

> *Si se humillare mi pueblo, sobre el cual mi nombre es invocado, y oraren, y buscaren mi rostro, y se convirtieren de sus malos caminos; entonces yo oiré desde los cielos,* ***y perdonaré sus pecados, y sanaré su tierra.***
>
> (2 Crónicas 7:14)

> *Y esta es la confianza que tenemos en él, que si pedimos alguna cosa conforme a su voluntad, él nos oye. Y si sabemos que él nos oye en*

> *cualquiera cosa que pidamos, sabemos que* ***tenemos las peticiones que le hayamos hecho.***
>
> (1 Juan 5:14-15)

> *Mas tú, cuando ores, entra en tu aposento, y cerrada la puerta, ora a tu Padre que está en secreto; y* ***tu Padre que ve en lo secreto te recompensará en público.***
>
> (Mateo 6:6)

Si creemos que estas escrituras son verdad, ¿por qué la oración, ya sea personal y colectiva, no es una parte vital de nuestras vidas? ¿Entiende un poco mejor por qué los siervos más poderosos de Dios dicen que desearían haber podido orar más y haber guiado a otros en oración?

Tal vez la oración es el eslabón perdido que Dios nos ha dado. A través de la oración entraremos en una dimensión nueva en nuestro caminar con Él. A través de la oración, si entramos por sus puertas con acción de gracias, la iglesia de Jesucristo experimentará una poderosa ola espiritual de su presencia. Creo firmemente que el destino que Dios tiene para cada uno de nosotros comenzará a desplegarse rápidamente cuando sometamos nuestro corazón y nuestra alma a Él para sus propósitos eternos en nuestras vidas. Oro para que usted acepte el asombroso privilegio de conversar con Dios y recibir de Él la majestuosidad de su presencia a través de la oración.

> La iglesia está buscando mejores métodos; Dios busca mejores hombres... El Espíritu Santo no fluye a través de los métodos sino a través de los hombres. Él no desciende sobre maquinarias, sino sobre hombres... hombres de oración.[1]

---

1. Edward M. Bounds, *Power Through Prayer* (Racine, WI: Treasures Media, Inc., 2007), p. 2.

LA ORACIÓN RELEGADA A UN SEGUNDO PLANO

Por más de cuarenta años he observado que la oración se va postergando en la agenda. Estamos demasiado ocupados o simplemente no aprendemos el poder que tiene la oración para cambiar nuestras circunstancias. El exceso de tareas y el éxito ocupan la vida de la iglesia; poco después, la oración ya no es una prioridad. La mayoría de los pastores intentan cambiar esto, pero es difícil conseguir que la iglesia responda.

He hablado con muchos pastores que estudiaron en un seminario y que confirman que ningún maestro modeló la "práctica" de la oración. La oración era simplemente otra asignatura teológica, y su poderosa importancia nunca se comunicó como una prioridad máxima. Como resultado, cuando las iglesias locales experimentan algo de éxito, el pastor y los demás líderes suelen olvidarse del énfasis que Jesús hacía en su vida de oración para cumplir la voluntad de su Padre. Cuando los pastores no pasan tiempo con Dios en oración, el desánimo, la ansiedad y el agotamiento ministerial comienzan a hacer efecto. El peso del trabajo descansa sobre los hombros de un hombre en lugar de los de Dios. Personas con buenas intenciones sustituyen el poder del reino por principios terrenales.

En este tiempo de buscar a Dios intercediendo en oración, oraremos por nuestros pastores y sus vidas personales de oración, animándolos a dejar las cargas de la iglesia en las manos de Dios a través de la oración. También oraremos para que el Espíritu Santo sople vida en la vida de oración de nuestras congregaciones. Dios lo ha prometido. ¡Él puede producir cambio en nuestras vidas en la medida que busquemos su rostro juntos de manera genuina!

HEMOS SIDO ESCOGIDOS

Dios nos ha escogido a todos, tanto pastores como creyentes laicos por igual, como el medio para que el mundo vea su amor en acción. Todos somos la iglesia, y Dios puede usarnos a todos para alcanzar a aquellos que necesitan su gracia salvadora. Nosotros somos los que decidiremos en qué barco nos subiremos. ¿Estará usted en el barco cuyos pasajeros dedican su vida a la oración y creen que Dios hará grandes cosas en su reino? ¡Tenemos el asombroso privilegio de ser usados para la gloria de Dios todos los días!

Capítulo 2

La oración personal: Nadie escapa del alcance de Dios

"El evangelio no puede vivir, luchar
y conquistar sin la oración;
una oración incesante, inmediata y ardiente".[2]
—*E. M. Bounds*

He aquí que no se ha acortado la mano de Jehová para salvar, ni se ha agravado su oído para oír.
—Isaías 59:1

La oración en la iglesia es importante; la oración en nuestra vida personal es igualmente vital. Los milagros más grandes que he visto en mi vida son los que sabía con todo mi corazón que no eran posibles (la prueba que no podía superar, la persona que no podía ser sanada, el ser querido que no podía ser hecho libre) sin que el Dios todopoderoso interviniera y lo hiciera. Ver la mano de Dios moverse a mi favor es lo más profundamente gratificante que he experimentado junto con ver que Él me ha usado para llevar a alguien a Cristo. Por eso las personas en Jerusalén dijeron que los primeros cristianos eran hombres que "trastornan el mundo entero" (Hechos 17:6). La gente que estaba allí ese día vio

2. Edward McKendree Bounds, *Purpose in Prayer* (Nueva York: Fleming H. Revell Company, 1920), p. 72.

la mano de Dios hacer cosas increíbles, y Él lo hizo a través de personas comunes y corrientes como usted y como yo. Ese mismo Dios, su Padre, está haciendo las mismas cosas hoy.

¿Anhela ver a las personas que ama entrar en una relación profunda y genuina con Jesús? ¿Tiene seres queridos que están de alguna forma cautivos y parecen no tener esperanza? ¿Ha comenzado a tener serias dudas de si cambiarán? ¿Ha hablado durante años con ciertas personas, pero no parecen comprender el hecho de que Dios las ama?

LA ORACIÓN ABRE LAS PUERTAS DEL CIELO

La oración es la fuerza más poderosa conocida por el hombre; por lo tanto, ¿por qué no queremos confiar en la oración para responder a los problemas en las vidas de aquellos que amamos? Deberíamos ser rápidos para orar en lo sobrenatural antes de intentar hacer cualquier cosa en lo natural. La oración tiene el poder de abrir las puertas de los cielos y producir las respuestas que usted desea para sí mismo, para su familia, para su pastor y para su iglesia.

La oración es tomar posesión de la realidad invisible que está delante de nosotros. La oración es aceptar los derechos y privilegios de ser ciudadano del cielo. La oración es declarar una vez más que Dios es poderoso y que tiene nuestras vidas en la palma de su mano. La oración es el método que Dios escogió para alinear nuestros espíritus con el suyo. La vida de Oswald Chambers estuvo dedicada a la oración, por eso declaró: "La oración no nos *prepara* para un trabajo más importante; la oración **es** ese trabajo más importante".

La realidad es que la oración es el trabajo más duro que haremos en nuestra vida… y el más gratificante.

LA ORACIÓN NO TIENE BARRERAS

Si tuviereis fe como un grano de mostaza, diréis a este monte: Pásate de aquí allá, y se pasará; y nada os será imposible.

(Mateo 17:20)

En mi propia experiencia he visto que la oración no tiene barreras, ni siquiera a treinta mil pies de altura. Permítame compartir una historia con usted.

Hace unos años atrás me subí a un vuelo temprano como lo había hecho ciento de veces, solo que esta vez presencié uno de los mayores milagros que he visto en mi vida. Cuando entré por la puerta del avión, la asistente de vuelo me dijo: "Buenos días", y me dirigí hacia mi asiento.

Cuando avanzaba por el pasillo, me sorprendí al ver un único pasajero en el avión. Era otro hombre que se había sentado en la última fila. Yo estaba estupefacto; ¡un avión completamente vacío! Perplejo, me senté y comencé a pensar en mi tiempo matutino de oración. Temprano aquella mañana había hecho una sencilla oración, como solía hacer al inicio de cada día: "Dios Padre, en el nombre de Jesús, por favor úsame hoy para avivar la fe de alguien, sea donde sea. Señor, por favor, ayúdame a compartir tu amor con alguien hoy".

Lo primero que pensé fue que Dios había vaciado un avión entero para que el hombre de la parte trasera del avión pudiera escuchar acerca del amor de Jesús por él. Estaba tan emocionado que no podía esperar a ir allí, presentarme y comenzar una conversación con él. Estaba emocionado por ver de qué manera el Espíritu Santo guiaría este encuentro.

El avión alcanzó la altura de crucero y yo comencé a quitarme el cinturón, impaciente por comenzar a hablar con aquel hombre. En ese momento, la asistente de vuelo se acercó y me preguntó amablemente si había algo que podía hacer por mí. Yo dije: "No, gracias".

"¿Quiere algo para desayunar?".

"No, gracias", respondí de nuevo. No queriendo ser rechazada, me preguntó por tercera vez si quería café o un zumo de naranja. Comencé a molestarme un poco. Al fin y al cabo, tenía una cita divina con el hombre de la parte trasera del avión, y ella me estaba distrayendo. Repentinamente, fue como si el Espíritu Santo me diera un golpe en la cabeza para hacerme despertar y dijo: "No es él, Jim, ¡es ella!".

Estoy seguro de que mis ojos se abrieron como platos y mi mandíbula cayó hasta el piso. Con una expresión completamente diferente, respondí: "Creo que tomaré café, y ya que está, ¡un poco de zumo de naranja también!". Cuando ella se volteó para irse, sentí la presencia sobrecogedora de Dios y rápidamente comencé a orar. A veces, compartir el evangelio con una mujer cuando estoy solo puede ser complicado, así que dependo del Señor para hacerlo. Cuando estoy seguro de que Dios ha organizado ese encuentro, todas las luces se ponen en verde y avanzo en fe. Sabía en mi espíritu que esa joven había sido marcada por Dios para escuchar su mensaje de amor y perdón ese día, en aquel momento, en ese avión, ¡a treinta mil pies de altitud!

Cuando ella regresó con el café, me preguntó si tenía algún negocio y yo respondí brevemente. Después, para abrir la conversación sobre el Señor, dije: "Estoy muy agradecido por cómo han ocurrido las cosas y por cómo Dios me ha bendecido con una esposa preciosa y tres hijos". Vi que ella me lanzó "la mirada", la misma que he visto muchas veces en otras personas. Es la mirada que me dice que esa persona está reflexionando muy profundamente en su propio corazón. Hablé de nuevo: "Estoy seguro de que usted tiene muchas cosas por las que estar agradecida". En ese momento, se detuvo. Es como si se hubiera quedado congelada en el tiempo. Con los ojos cerrados, comenzaron a correr lágrimas por sus mejillas como si fueran las cataratas del Niágara.

"En casa tiene una mamá que ora por usted, ¿no es así? —pregunté en voz baja—. Es hora de regresar a casa. Dios ha vaciado todo el avión y ha reorganizado el horario de toda la aerolínea solo para usted". La presencia de Dios y el poder de su amor eran tan fuertes que yo sabía que Él estaba allí con nosotros.

"Ha estado huyendo mucho tiempo, ya es suficiente —continué—, es hora de rendirse ante su amor". Ella siguió llorando, y yo estaba presenciando el mayor milagro en el reino de los cielos. Sabía que las oraciones de su mamá estaban siendo contestadas delante de mis ojos.

Fue uno de los momentos más santos de toda mi vida. Dios mismo había estirado los brazos desde el cielo para abrazar a esta joven y estaba derramando sobre ella su amor, paz y perdón y yo tenía el privilegio de verlo todo en primera fila. Me quedé sentado, lleno de reverencia santa, reflexionando en el amor inagotable de Dios. Nadie escapa del alcance de Dios. Absolutamente nadie.

Oré con la asistente de vuelo en ese mismo momento, y ella dedicó de nuevo su vida a Dios; prometió volver a leer la Palabra y participar de una comunidad cristiana. Yo le aseguré que si Dios podía vaciar un avión para llegar hasta ella, ¡Él era más que capaz de dirigir su vida diaria! También la animé a llamar a su mamá en cuanto aterrizáramos. ¡Qué alegría habría en esa llamada telefónica!

Más adelante, me bajé del avión maravillado y humillado. Me senté a solas en la terminal del aeropuerto un rato, reflexionando en el milagro que acababa de ocurrir: ¡el Dios todopoderoso había vaciado un avión en respuesta a las oraciones fervientes de una madre!

Este era el resultado en acción de la fe y las oraciones de su madre. ¡La oración fue lo que hizo que yo estuviera en ese lugar a esa hora! El Dios todopoderoso estaba respondiendo a la oración, un clamor a Dios en obediencia a su Palabra, para llevar a esa joven de regreso a casa. El clamor de una madre al Todopoderoso nunca pasa desapercibido.

Esta historia me recuerda constantemente que Dios hará lo que sea necesario para llevar a una persona hasta un lugar en el que pueda recibir su amor si tan solo oramos. ¡Alabado sea su santo nombre! Incluso a treinta mil pies de altura, Dios lo tenía todo preparado para ella y lo único que tuvo que hacer fue recibirlo. Ese es el poder sobrenatural de la oración. Eso es lo que ocurre cuando le tomamos la palabra a Dios.

Hermanos y hermanas, por favor no pasen por alto la importancia de la llamada de Dios a la oración. Él nos ha dado la oración como un privilegio y un regalo extraordinario. En los próximos veintiún días, mientras le tomamos a Dios la palabra y comenzamos el día diariamente en el salón del trono del Dios todopoderoso, veremos cambios ocurrir a nuestro favor y de quienes nos rodean. Al orar para que nuestros pastores reciban ánimo en su trabajo en la iglesia, al buscar a Dios pidiendo que una ola sobrenatural de su Espíritu Santo envuelva nuestras iglesias, y al elevar nuestras propias peticiones personales a Dios en oración, veremos cómo el cuerpo de Cristo se levanta para ser la fuerza que Jesús ha llamado a ser en esta tierra.

Ahora, venga con nosotros y emprendamos juntos este maravilloso camino.

Parte 2: Oraciones diarias

Día 1

Intimidad con Dios

Jim & Cathy Maxim

"Al caminar con Dios por la avenida de la oración nos contagiamos de su esencia, y nos convertimos inconscientemente en testigos para con los demás de su hermosura y su gracia".[3]
—*E. M. Bounds*

*El que me ama, mi palabra guardará; y mi Padre le amará, y vendremos a él, y **haremos morada con él**.*
—Juan 14:23

Jesucristo declaró estas gloriosas promesas a sus discípulos: Dios Padre, Dios Hijo y Dios Espíritu Santo entrarían en el corazón de todo aquel que lo ame y siga sus enseñanzas, ¡estableciendo ahí su hogar para siempre! Es asombroso que Dios mismo establezca su hogar dentro de nosotros. ¿Hay mayor privilegio en esta tierra que estar en comunión tan íntima con el Dios todopoderoso?

La comunión con el Padre, el Hijo y el Espíritu Santo es lo mejor que experimentaremos en esta vida. Estar en su presencia (y nos referimos a los tres) no tiene comparación. Fuimos creados para este propósito, y

3. E. M. Bounds, *Purpose in Prayer*, p. 42.

somos lo que "ellos" eligieron. Fuimos creados a imagen de Dios desde el principio de la creación, y somos herederos de Dios y coherederos con Jesucristo. Somos agentes del cielo que ejecutan la victoria de Cristo en la tierra. Fuimos destinados a estar en su presencia (insisto, ante lo tres), caminando "con Dios por la avenida de la oración". Al final, todo lo que hacemos se hace eco del himno del cielo: *Santo, santo, santo* (Apocalipsis 4:8). Las mejores noticias son que no tenemos que esperar hasta llegar al cielo para experimentar la presencia de la Deidad; podemos experimentarla ahora, en oración.

Yo anhelo esa cercanía con Dios Padre, Dios Hijo y Dios Espíritu Santo. *Vendremos a él, y haremos morada con él* (Juan 14:23). El privilegio que tenemos en el Señor me abruma por completo. Es difícil entender que el Dios del universo quisiera amarnos. Que quisiera visitarnos ya sería asombroso, pero es que el Dios trino está haciendo morada con su pueblo. Como el padre del hijo pródigo, Él nos perdona, nos abraza y quiere que vivamos juntos bajo el mismo techo. Esa promesa no es solo para la vida venidera sino también para el presente. Podemos tener comunión con Dios en oración y al leer su Palabra.

Esta es la esencia de nuestro primer día de oración: entender la importancia vital de tener una relación íntima con Dios. Para mí, no hay nada mejor que sentir su amor y saber que Él me escucha y disfruta de mi compañía igual que yo disfruto de la suya. Puedo acercarme y conversar con Él, contarle las cargas de mi corazón y pedirle que me ayude o que ayude a alguien por quien estoy orando. No sabría qué hacer si Dios no me permitiera hablar con Él y sentir su amor y aceptación por mí como su hijo.

¿Hay algo en esta vida que se pueda comparar a estar con Dios? ¿Qué podría ser tan importante como que Dios nos toque con su presencia y quiera estar con nosotros? Este es el regalo de la oración; poder caminar con el Dios todopoderoso en su presencia y estar con Él. Verdaderamente, es nuestro primer llamado.

Hermanos y hermanas, si no están seguros de cómo está su relación con Dios, abran su corazón y su mente a Él y póstrense en su presencia. Confiesen su santidad. Confiesen su pecado a Él, todo de una vez por todas, y acepten la redención que han recibido con la muerte y resurrección de Jesucristo. Pónganlo a Él en el trono de su vida y humíllense en su presencia. Él anhela sostenerlos en sus brazos y amarlos completamente. Solo Él es el Dios altísimo y solo Él es digno. Alábenlo con las palabras de su boca; bendíganlo y póstrense ante Él.

Dios le está llamando a una vida de oración y comunión con Él. Le ha dado el privilegio de acudir ante Él; y el Padre, el Hijo y el Espíritu Santo han decidido hacer morada en usted. Esto, amigo, es el mayor privilegio del universo.

En su bondad, Dios siempre (de forma constante, continuamente y para siempre) se acerca a todos los seres humanos para tener una relación personal con cada uno de ellos. Dios anhela revelarse a su pueblo porque el amor es su naturaleza. No hay nada que Dios no haga por sus hijos cuando estos están espiritualmente en el lugar donde Él anhela que estén. Jesús nos prometió: *Todo lo que pidiereis al Padre en mi nombre, lo haré* (Juan 14:13).

Tómese un momento para escribir peticiones de oración que quiera levantar al Señor durante estos veintiún días de oración de intercesión.

Oraciones por su pastor y la familia de él:

Su iglesia:

____

____

Su familia:

____

____

Su trabajo/finanzas:

____

____

Día 2

¿Qué es la oración?

Jim & Cathy Maxim

"La oración es el mayor acercamiento a Dios y el mayor disfrute de Él que podemos tener en esta vida".[4]
—*William Law*

Dedíquense a la oración: perseveren en ella con agradecimiento.
—Colosenses 4:2 (NVI)

Alégrense en la esperanza, muestren paciencia en el sufrimiento, perseveren en la oración.
—Romanos 12:12 (NVI)

La oración es, en primer lugar y más importante, nuestra comunión con Dios Padre, Jesús su Hijo y el Espíritu Santo. Es una relación íntima con ellos en la cual podemos hablar desde lo profundo de nuestro corazón, y asimismo escuchar la respuesta de Dios a nuestras oraciones a través de la Palabra y la obra que Él hace en nuestras vidas. La oración es una comunicación bendecida entre usted y yo con el Dios todopoderoso del universo.

4. William Law, *A Serious Call to a Devout and Holy Life*, 3rd. ed. (Londres: W. Inny and R. Manby, 1733), p. 164.

La oración es el modo en que Dios utiliza el tiempo para mostrarnos sus maravillas. La oración es la actividad que Dios utiliza para permitir que su presencia penetre en nuestra conciencia. Su presencia es lo único que puede cambiar literalmente cualquier dinámica. Su presencia contiene poder que el mundo no puede entender y poder que está reservado solamente para sus redimidos.

La oración es Dios saturando nuestras mentes o nuestros pensamientos con su influencia. La oración controlará nuestras emociones y permitirá que su verdad derrote las fuerzas negativas de la oscuridad que hablan mentiras a nuestra mente e intentan corromper nuestros pensamientos.

La oración no es una actividad natural, y el mundo la conoce muy poco, si es que conoce algo, del poder asociado a nuestras oraciones. Por eso aprenderemos todo lo que podamos acerca del poder de la oración en nuestras vidas y en las de nuestros pastores e iglesias durante estos veintiún días.

La oración está reservada para usted y para mí. La oración es el ingrediente principal de la vida de un seguidor de Jesucristo. Sabemos que la oración es comunicación con Dios Padre por medio de la sangre de Cristo y el poder del Espíritu Santo. La oración es lo que permite que el Espíritu Santo pueda usar a un hombre, una mujer o una iglesia para la gloria de Dios. El Espíritu Santo orará por medio de nosotros y también por nosotros cuando no estamos seguros de cómo orar en cualquier situación dada.

> *Y de igual manera el Espíritu nos ayuda en nuestra debilidad; pues qué hemos de pedir como conviene, no lo sabemos, pero el Espíritu mismo intercede por nosotros con gemidos indecibles. Mas el que escudriña los corazones sabe cuál es la intención del Espíritu, porque conforme a la voluntad de Dios intercede por los santos.*
>
> (Romanos 8:26-27)

La oración es el combustible del Espíritu Santo. El Espíritu Santo es nuestra fuente de poder, y nuestro "tanque espiritual" se llena a través de nuestro tiempo con Dios en oración. *Pero vosotros, amados,* [seguid] *edificándoos sobre vuestra santísima fe, orando en el Espíritu Santo* (Judas 1:20). La oración es donde nos entregamos a su llamado, y es ahí donde Él nos capacita para cumplir su voluntad en nuestras vidas y en la vida de la iglesia. Creo que la oración en la iglesia, específicamente la oración destinada a animar y edificar a nuestros pastores y líderes de la iglesia, hará que el cuerpo de Cristo arda por y para el reino de Dios.

La oración es comunión verdadera con Dios. La oración es el momento que Dios ha reservado para recalibrar nuestros pensamientos y renovar su paz en nuestra mente y en nuestra alma. La oración es el canal del cielo para que seamos renovados. La oración fortalece nuestra conexión con la morada invisible que tenemos con nuestro Padre. La oración es la forma que Dios tiene de decir: "Yo soy tuyo, y tú eres mío; ven y habla conmigo".

Yo creo que a través de la oración entraremos en una nueva dimensión en nuestro caminar con Él. Creo que el destino que Dios tiene para nosotros comienza a desplegarse rápidamente cuando sometemos nuestro corazón y nuestra alma a Él para cumplir sus propósitos eternos en nuestras vidas, y cuando aceptamos el asombroso privilegio de hablar con Dios y recibir de Él la majestad de su presencia.

Como la oración es todo esto y mucho más, por favor únase a nosotros para que oremos juntos, en el poder y bajo la guía del Espíritu Santo, por nosotros mismos, por nuestros seres queridos, nuestros pastores y sus familias.

Día 3

Jesús oró

Jim & Cathy Maxim

"Usted puede hacer más que orar después de haber orado...
pero no puede hacer más que orar hasta que no haya orado".[5]
—*A. J. Gordon*

Uno de sus discípulos le dijo: Señor, enséñanos a orar.
—Lucas 11:1

La oración fue el ritual más importante en la vida de Jesús. La oración fue el momento más importante en la vida de Jesús. Escribirlo dos veces no fue un error al momento de imprimir este libro... ¡es muy importante que entendamos esto! Jesús pasó largas noches orando a su Padre celestial para poder moverse en la voluntad y el poder de su Padre. La oración fue la herramienta más importante que Jesús usó para cambiar las vidas de otras personas.

¡Debemos entenderlo! Jesús pasó horas comunicándose con su Padre en oración para poder hacer la voluntad de su Padre cada día. *Por aquel tiempo se fue Jesús a la montaña a orar y pasó toda la noche en oración a Dios* (Lucas 6:12, NVI). Después de sus ratos de oración, Jesús podía decir, "solo hago lo que veo hacer a mi Padre" (véase Juan 5:19). Jesús

5. A. J. Gordon, citado en E. M. Bounds, *Purpose in Prayer*, p. 20.

podía adentrarse en la oscuridad para rescatar a los perdidos y heridos porque su Padre compartía con Él el poder y el plan a través de la oración.

Jesús conocía el valor de priorizar reunirse con su Padre primero todos los días y en todo lo que hacía. La esencia misma de su vida estaba bañada en una comunicación constante con su Padre. Jesús logró más en menos tiempo y con mayor valor eterno que cualquier otra persona que haya pisado la faz de la tierra. Los discípulos vieron esto de cerca porque lo observaban y sabían que la fuente de poder para cumplir su propósito estaba directamente relacionada con el tiempo que pasaba con el Padre. Por lo tanto, los discípulos le pidieron: "Señor, enséñanos a orar". Ya conoce su respuesta: una oración que reconoce la gloria del Padre y nuestra necesidad de Él en todas las áreas de nuestra vida.

> *Padre nuestro que estás en los cielos, santificado sea tu nombre. Venga tu reino. Hágase tu voluntad, como en el cielo, así también en la tierra. El pan nuestro de cada día, dánoslo hoy. Y perdónanos nuestras deudas, como también nosotros perdonamos a nuestros deudores. Y no nos metas en tentación, mas líbranos del mal; porque tuyo es el reino, y el poder, y la gloria, por todos los siglos. Amén.*
>
> (Mateo 6:9-13)

Jesús es nuestro modelo perfecto de oración:

> *Por eso les digo: Crean que ya han recibido todo lo que estén pidiendo en oración y lo obtendrán. Y cuando estén orando, si tienen algo contra alguien, perdónenlo, para que también su Padre que está en el cielo perdone a ustedes sus ofensas.*
>
> (Marcos 11:24-25, NVI)

> *De cierto, de cierto os digo: El que en mí cree, las obras que yo hago, él las hará también; y aun mayores hará, porque yo voy al Padre. Y*

todo lo que pidiereis al Padre en mi nombre, lo haré, para que el Padre sea glorificado en el Hijo. *Si algo pidiereis en mi nombre, yo lo haré.*

(Juan 14:12-14)

Muy de madrugada, cuando todavía estaba oscuro, Jesús se levantó, salió de la casa y se fue a un lugar solitario donde se puso a orar.

(Marcos 1:35, NVI)

Al final, la oración era el tiempo que Jesús pasaba en comunión cercana con Dios Padre. Por medio de ese tiempo de comunión, Jesús recibía el conocimiento y el poder para hacer lo que su Padre quería que hiciera en la tierra. Para perdonar, para sanar, para consolar, para alimentar, para liberar... Jesús logró todas estas cosas como resultado de sus tiempos de oración.

Aprenda a orar como Jesús oró por las cosas que le preocupan en su vida, para que el poder de Dios se mueva en su iglesia y para que su pastor reciba ánimo y fortaleza mientras busca dirigir al rebaño. Dígale usted mismo al Señor: "Enséname a orar". Y Él lo hará.

Día 4

Amo al Señor

Cathy Maxim

"Siempre se puede dar sin amar, pero
nunca se puede amar sin dar".
—*Amy Carmichael*

Amo al Señor porque escucha mi voz y mi oración que pide misericordia. Debido a que él se inclina para escuchar, ¡oraré mientras tenga aliento!
–Salmos 116:1-2 (NTV)

Otra versión dice: *Porque a mí ha inclinado Su oído; por tanto le invocaré mientras yo viva* (Salmos 116:2, NBLA), pero me encanta la imagen de un Padre inclinándose para escuchar a su hijo. ¿Cuántas veces se agachó usted para mirar a un niño o una niña a la cara y hablar con él o ella? Hacemos eso porque queremos que se enfoquen en nosotros o que sepan que los estamos escuchando. ¡Queremos que sepan y sientan que son importantes!

Para mí, las palabras de estos dos versículos dibujan esta imagen. ¡Llegan a lo profundo de mi corazón y traen sanidad! Yo soy una hija de Dios. Soy importante para Él. El Señor quiere escuchar mis necesidades y mis peticiones. Quiere ser parte de mi vida, y yo necesito que Él sea mi vida entera. Necesito que su vida fluya sobre mí, fluya en mi interior e inunde mi mente, mi cuerpo y mi espíritu. Lo necesito porque necesito sanidad todos los días.

Mi mente, mi cuerpo y mi espíritu reciben ataques todos los días. La vida se amontona e intenta robarme mi intimidad con Dios. Las ocupaciones nos hacen vivir de prisa cada día, impidiéndonos ver las necesidades y a las personas que tenemos alrededor. Cuando no recibimos nuevas fuerzas del Señor cada mañana, no queremos mirar ni ver las necesidades de los demás. ¡No podemos! La carga es demasiado grande, así que pasamos de largo.

Solo hay una forma de salir de este carrusel ¡y es la oración! Es pasar tiempo con Él. *¡Amo al Señor porque escucha mi voz y mi oración que pide misericordia!* Él nos escucha. Él me ha dado esta vida para que la disfrute, y conoce a todas las personas que forman parte de ella. Él conoce todas las necesidades de sus vidas y me ha pedido a mí que las cuide, interceda por ellas, me pare en la brecha por ellas, sea un puente entre ellas y el cielo, ¡y esté con ellas en la batalla! *Vendrá el enemigo como río, mas el Espíritu de Jehová levantará bandera contra él* (Isaías 59:19). ¡Necesitamos que el Espíritu de Dios fluya a través de nosotros como un río para que nuestros enemigos huyan!

Para mí, Isaías está retratando la victoria. Esa es la clase de victoria que intento aplicar a mi vida de oración. Quiero ver sanidad en las vidas de las personas. Quiero creer que una situación laboral se resolverá o que un hijo pródigo regresará a casa para ser recibido por Jesús:

> *He aquí, yo tenderé mi mano a las naciones, y a los pueblos levantaré mi bandera; y traerán en brazos a tus hijos, y tus hijas serán traídas en hombros. Reyes serán tus ayos, y sus reinas tus nodrizas; con el rostro inclinado a tierra te adorarán, y lamerán el polvo de tus pies; y conocerás que yo soy Jehová, que no se avergonzarán los que esperan en mí.*
>
> (Isaías 49:22-23)

Comience a ver sus oraciones como un estandarte; una bandera que proclama: "¡En el nombre de Jesús, este asedio termina aquí y ahora!". Después espere y alábelo; después espere un poco más y alábelo de nuevo. Estamos llamando a los ejércitos celestiales para que peleen por nosotros y hagan lo que nosotros no podemos hacer. ¡Estamos creyendo a nuestro Padre, que se inclina para escuchar nuestra voz y nuestras oraciones que piden misericordia!

Únase a nosotros en oración hoy acercándose al Padre amoroso que se inclina desde el cielo para escuchar nuestro clamor. Oraremos juntos en fe para que Aquel que escucha nuestras oraciones nos responda.

Día 5

Oren para que hable con valentía

Jim & Cathy Maxim

"No hay aprendizaje que compense la falta de oración.
No hay honestidad, diligencia, estudio o
dones que suplan esta carencia".[6]
—*E. M. Bounds*

Oren en el Espíritu en todo momento, con peticiones y ruegos. Manténganse alertas y perseveren en oración por todos los creyentes. ***Oren también por mí*** *para que, cuando hable, Dios me dé las palabras para dar a conocer con valor el misterio del evangelio, por el cual soy embajador en cadenas.* ***Oren para que lo proclame valerosamente, como debo hacerlo.***
—Efesios 6:18-20 (NVI)

Pablo era un líder revolucionario de la iglesia primitiva. Se enfrentó a multitudes enojadas de líderes judíos y adoradores de ídolos mientras proclamaba el mensaje del evangelio de Jesucristo. Sus cartas a las iglesias del Medio Oriente han provisto a la iglesia de muchas enseñanzas fundamentales. Sin embargo, Pablo les pidió a sus hermanos y hermanas en Cristo que oraran por Él. ¿Por qué?

---

6. E. M. Bounds, *Power Through Prayer* (Morrisville, NC: Lulu Press, 2013).

El apóstol Pablo había estudiado durante años, pero sabía que nunca podría cumplir el llamado de Dios para su vida dependiendo de su propia sabiduría. Como dijo E. M. Bounds, nada puede compensar la falta de oración, ni siquiera los años de estudio y los dones naturales que Pablo había recibido. El apóstol sabía que debía depender del poder sobrenatural del Espíritu Santo para recibir la fortaleza y la guía necesarias para completar su tarea. Pablo necesitaba el ánimo de sus hermanos y hermanas que lo levantaran en oración ante el Dios del cielo.

En Efesios, capítulo 6, Pablo le pidió a la iglesia que orara específicamente para que pudiera declarar el mensaje de la salvación de Jesucristo "con valor" en cualquier situación. *Oren también por mí para que, cuando hable, Dios me dé las palabras para dar a conocer con valor el misterio del evangelio* (v. 19). ¿Significaba eso que Pablo tenía miedo? ¿Qué no se sentía capaz de llevar a cabo la tarea? Yo creo que significa que Pablo era humano (igual que todos los líderes de la iglesia de hoy), y que necesitaba las oraciones fervientes de otros creyentes para impulsarlo y animarlo en su llamado. Jesús mismo, el Hijo de Dios, les pidió a Pedro, Santiago y Juan que oraran con Él en el huerto de Getsemaní para que tuviera la fuerza necesaria para completar el plan de redención de Dios.

Igual que en el caso de Pablo, solo Dios puede darnos la fuerza que necesitamos para servirlo. Muchas veces, con buenas intenciones, aquellos que están en el ministerio (incluidos los líderes) se permiten a sí mismos drenarse hasta el punto del agotamiento total, de tal manera que el ministerio parece demasiada carga y no pueden continuar. Mediante el poder del Espíritu Santo, Dios promete renovar nuestras fuerzas como las del águila (véase Isaías 40:31), pero a veces eso parece demasiado bueno para ser verdad o parece estar demasiado lejos de nuestro alcance. Por eso tenemos en el corazón estos veintiún días de oración de intercesión; sentimos el llamado de parte de Dios para llevar a cabo este tiempo de oración que renueve a pastores, líderes y al cuerpo de Cristo para que su poder pueda moverse en medio de todos aquellos que se han unido a nosotros en este viaje de orar juntos.

Dios está haciendo algo poderoso entre su pueblo en la iglesia en el presente, y la oposición a la obra de Dios solo se intensificará; pero también lo hará la santa presencia de Dios a medida que lo busquemos en oración y confesemos su santidad y su poder sobre nuestras familias y las personas que sirven en los ministerios de nuestras iglesias, que sirven a Dios en nuestro nombre.

Por favor, únase a nosotros en esta oración de acuerdo hoy mientras Dios se mueve con fuerza y poder en medio nuestro.

Día 6

Por el bien del evangelio

Daniel Henderson

"Gastamos más energías de oración intentando mantener a cristianos enfermos fuera del cielo, que intentando mantener a personas perdidas fuera del infierno".
—*James Walker*

Oren al mismo tiempo también por nosotros, para que Dios nos abra una puerta para la palabra, a fin de dar a conocer el misterio de Cristo, por el cual también he sido encarcelado, para manifestarlo como debo hacerlo.
—Colosenses 4:3-4 (NBLA)

Pedir es un componente vital de nuestra relación con Dios. Esto es cierto porque Él nos ha mandado que lo busquemos como nuestra fuente suprema en todo. Él ha designado la oración como el medio por el cual dependemos de Él y confiamos en Él. Responde a nuestras oraciones para darnos lo que sabe que necesitamos para darle la gloria.

En el devocional de hoy, quiero que pasemos de orar por nosotros mismos a orar el evangelio en sí. Tenemos que admitir que en la cultura actual, permanentemente infectada de materialismo y de una mentalidad de consumismo, a veces es difícil para los cristianos pedirle cosas a

Dios sin una razón fundamentalmente egoísta o una aversión crónica al sufrimiento en cualquiera de sus formas. Demasiadas veces oramos para escapar de nuestras dificultades en lugar de orar para ser mejores discípulos de Cristo.

Como muchos otros, me encanta cuando Dios responde a mis oraciones de maneras que hacen que mi vida sea más placentera o esté libre de dolor; sin embargo, estoy aprendiendo que mis necesidades más profundas son suplidas cuando mi corazón está más en consonancia con la Palabra de Dios, el Hijo de Dios, el Espíritu de Dios y los propósitos de Dios. Siento que Dios me está llamando, igual que a muchos otros que conozco, a no hacer de las soluciones superficiales el enfoque de nuestras oraciones. Pedir es el camino no solo para conseguir nuestra próxima comida u objeto de lujo, sino también para descubrir el profundo gozo de una vida transformada en Cristo.

Estoy muy agradecido porque el Padre cuida de todos los detalles de mi vida. Incluso cuenta los cabellos de mi cabeza (véase Lucas 12:7), ¡aunque conmigo tarda menos que con la persona promedio! Sin embargo, es muy fácil reducir nuestro enfoque en la oración a las preocupaciones de salud típicas: los granos de Gracia, la vía biliar de Billy, el dolor de estómago de Dolores o el apéndice de Penélope. Nuestro Padre conoce todas esas necesidades, le importan y es plenamente capaz de ocuparse de todas ellas según su voluntad y su gloria. Pero el privilegio de la oración es mucho más que eso.

Sabemos que debemos presentar nuestras peticiones ante Dios, pero una de las preguntas más importantes que tenemos que hacernos es: ¿en qué sentido difieren nuestras oraciones de los patrones bíblicos y las enseñanzas acerca de las cosas por las cuales deberíamos estar orando? Las peticiones de oración que vemos en la Biblia parecen ser mucho más cortas, profundas y fundamentalmente diferentes en naturaleza que las listas que suelen dominar las oraciones de los cristianos modernos.

Las Escrituras registran varios ejemplos de la vida de oración de Jesús. Hay seis referencias a las oraciones de Jesús que no tienen indicaciones claras de su contenido (véase Marcos 1:35; 6:46; Lucas 3:21; 9:18, 28; 11:1). Vemos que muchas veces Él se retiraba de las actividades para disfrutar de comunión privada con el Padre. Aunque no sabemos los temas por los que oraba en esos tiempos, parece que estaban directamente relacionados con renovar el poder para servir de manera altruista y sacrificial. También había ocasiones en las que Jesús bendecía a la gente, pero sus palabras exactas no están escritas (véase Marcos 10:16; Lucas 24:50).

Hay otros registros breves del contenido de las oraciones de Jesús y los temas en torno a los cuales giraban sus oraciones habladas (véase Mateo 11:25; 26:39, 42; 27:46; Marcos 14:36; 15:34; Lucas 22:31-32, 42; 23:34, 46; Juan 11:41-42; 12:27-28). Si repasa usted todas ellas, verá que Jesús siempre oraba pidiendo la gloria del Padre y en completa sumisión a su voluntad. Sus oraciones siempre se enfocaban en su misión y en el fruto de la misión de sus seguidores.

También vemos que la iglesia primitiva oraba la mayor parte del tiempo pidiendo por el avance del evangelio en medio de cualquier situación. Oraban a diario como parte un régimen vital de crecimiento espiritual: por el bien del evangelio (véase Hechos 2:42). Cuando enfrentaba ataques, se juntaban a orar las Escrituras pidiendo poder y valentía: por el bien del evangelio (véase Hechos 4:31). Cuando eran perseguidos, se regocijaban en Dios por el honor de sufrir en lugar de pedir alivio temporal: por el bien del evangelio (véase Hechos 5:41). Cuando Pedro estaba en la cárcel oraron por su libertad: por el bien del evangelio (véase Hechos 12:5). Cuando Pablo y Silas estaban en la cárcel se regocijaron en oración y confiaron en Dios cantando: por el bien del evangelio (véase Hechos 16:25).

Por supuesto, sabemos cómo oraba Pablo porque tenemos registro de sus oraciones en el Nuevo Testamento (véase Efesios 1:3-23;

3:14-21; Filipenses 1:3-11; Colosenses 1:3-14; 1 Tesalonicenses 3:9-13; 2 Tesalonicenses 1:3-12). Si observamos bien, nos daremos cuenta de que todas las oraciones modelo de Pablo surgían de expresiones de gratitud, verdades acerca de Dios y notas de alabanza. Eran el fruto de su adoración y su conocimiento íntimo y experiencial de la persona de Cristo.

¿Ha observado el enfoque de las peticiones de oración de Pablo al principio de este devocionario? Él oraba para que se abrieran puertas para compartir la Palabra de Dios y el "misterio de Cristo" (Colosenses 4:3). Esto representa su enfoque habitual en sus oraciones (véase Hechos 20:23-24; Romanos 15:30-33; 2 Corintios 1:9-11; Efesios 6:19; Filipenses 1:19-20; Colosenses 4:3-4; 1 Tesalonicenses 5:25; 2 Tesalonicenses 3:1). Todas las peticiones de oración de Pablo se enfocaban en su deseo de cumplir su misión proclamando el evangelio con valentía y constancia para que Cristo pudiera ser magnificado en él y a través de él; en la vida o en la muerte.

La diferencia fundamental entre nuestras listas de oración y las peticiones que encontramos en la Biblia es, posiblemente, que nosotros oramos por problemas personales mientras que la mayoría de las oraciones bíblicas estaban enfocadas en los propósitos de Cristo. Las oraciones basadas en la adoración sientan las bases para algo más que oraciones egoístas porque comienzan con "Tú" y no con "yo". Esto cambia la naturaleza de nuestras oraciones. Debemos aprender continuamente del Padre cómo deberíamos orar.

El Dr. D. A. Carson, en su espectacular libro *Un llamamiento a la renovación espiritual: Las prioridades de Pablo y sus oraciones*, planteó una pregunta que debería llevarnos a todos a reevaluar la naturaleza de nuestras peticiones de oración. Escribió:

> Debemos preguntarnos cuán cerca están las peticiones que solemos presentar ante Dios de las cosas por las que ora Pablo. Supongamos, por ejemplo, que el 80 o el 90 por ciento de

> nuestras peticiones son para pedirle a Dios buena salud, recuperación de alguna enfermedad, seguridad en la carretera, un buen trabajo, éxito en los exámenes, las necesidades emocionales de nuestros hijos, éxito en nuestra solicitud de una hipoteca, y más cosas de ese estilo. ¿Qué parte de las oraciones de Pablo gira alrededor de términos equivalentes a esos? Si el centro de nuestras oraciones está lejos del centro de las oraciones de Pablo, entonces esas mismas oraciones podrían servir como un testimonio lamentable del notable éxito del proceso de paganización en nuestra vida y nuestros pensamientos.[7]

¡Palabras duras, sin duda! Sin embargo, son una llamada a la atención necesaria cuando consideramos los valores, aspiraciones y deseos que impulsan nuestras oraciones.

Señor, por favor, enséñanos a orar como Jesús oraba, como la iglesia primitiva oraba y como Pablo oraba. Enséñanos a poner el enfoque de nuestras oraciones en tus propósitos y planes tanto para nosotros mismos como para nuestros líderes.

---

7. D. A. Carson, *Un llamamiento a la renovación espiritual: Las prioridades de Pablo y sus oraciones* (Grand Rapids, MI: Baker Academic, 1992), pp. 96-97.

Día 7

El aposento secreto

Jim Maxim

"Por lo tanto, tenga o no el deseo de orar, entre en su aposento en el horario designado, enciérrese con Dios, espere en Él, busque su rostro, haga que cobre vida; ore".[8]
—*R. F. Horton*

Mas tú, cuando ores, entra en tu aposento, y cerrada la puerta, ora a tu Padre que está en secreto; y tu Padre que ve en lo secreto te recompensará en público.
—Mateo 6:6

Estoy en Las Vegas en una conferencia de negocios y son las 3:20 de la madrugada. Dios, el Espíritu Santo, me ha impulsado a levantarme de la cama y pasar tiempo con Él. La única razón por la que le doy a usted un asomo de mi relación con Dios es por la frase que Él quiere que comparta hoy con usted. "Entre en su aposento en el horario designado".

¿Qué es un aposento? Es ese lugar en el que usted puede estar a solas con Dios para compartir con Él cualquier cosa que haya en su corazón, y escuchar su voz que quiere hablarle a través de la Biblia o en su espíritu.

8. R. F. Horton, citado en Tim Clinton y Max Davis, *Ignite Your Faith: Get Back in the Fight* (Shippensburg, PA: Destiny Image Publishers, 2014).

El horario designado es cualquier momento en el que Dios le hable o le impulse a encerrarse con Él en su aposento de oración. La mayoría de los días Él entra en mi cuarto alrededor de las 5 de la mañana (algunos días más temprano, pero casi siempre entre las 4 y las 5) y me despierta porque quiere pasar tiempo conmigo. ¿Cómo iba a decirle "no"? Ya van décadas de esta intimidad con Dios, y la mayoría de los días no necesito alarma.

Al principio había ignorado la llamada de Dios y pensaba que solo debía dar un par de vueltas en la cama e intentar volver a dormir. Cuando no me dejó en paz, me di cuenta de que mi Padre estaba ahí y deseaba pasar tiempo conmigo. ¡Oh, qué bendición! ¡Oh, qué emoción! Él realmente quería pasar tiempo conmigo a solas en mi lugar secreto. Recuerde que Jesús dijo: *Cuando ores, entra en tu aposento, y cerrada la puerta, ora a tu Padre que está en secreto; y tu Padre que ve en lo secreto te recompensará en público* (Mateo 6:6). Cada uno de nosotros tenemos un lugar secreto para encontrarnos con Dios, y es en ese lugar donde Dios nos revela nuestros propios corazones. Dios nos atrae hacia sí mismo con ternura.

Al final soy sincero y transparente con Dios cuando oro en el aposento secreto, y estoy en una posición de poder escucharlo realmente. Esta oración íntima es lo que Jesús anhela que experimentemos. Esta oración nos lleva al lugar en el que nuestra alma toca el corazón de Dios.

Jeremías dijo que Dios anhela mostrarnos cosas secretas y ocultas: *Clama a mí, y yo te responderé, y te enseñaré cosas grandes y ocultas que tú no conoces* (Jeremías 33:3). Isaías 45:3 dice: *Te daré los tesoros escondidos, y los secretos muy guardados, para que sepas que yo soy Jehová, el Dios de Israel, que te pongo nombre.*

Pensemos juntos en esto por unos momentos: Dios, el creador de todo el universo, la humanidad, los animales, los planetas, los millones de años luz y la expansión de los cielos, quiere acercarse a mí y tener comunión conmigo en el cuarto escondido, en un lugar secreto que solo nos incluye a nosotros. Realmente quiere una comunión cercana conmigo. ¡Quiere que yo sea su amigo!

Dios quiere que usted también sea su amigo, ¡y quiere ser amigo de usted! Diga esto en voz alta: "Dios quiere que sea su amigo y quiere ser mi amigo también". Jesús quería que estuviéramos seguros de esto: *Ya no os llamaré siervos, porque el siervo no sabe lo que hace su señor; pero os he llamado amigos, porque todas las cosas que oí de mi Padre, os las he dado a conocer* (Juan 15:15).

Es una amistad de doble vía. Dios no quiere una relación unilateral en la que Él le persigue y usted sigue ignorándolo. ¡Él quiere que entienda que puede tener tanto de Él como usted quiera! Su Padre celestial es quien inicia esta búsqueda de Él, la cual se revela en Jesús y es sostenida por el Espíritu Santo, pero requiere que usted participe en esta relación.

¡Usted debe hacer su parte! Debe apartar un tiempo para encontrarse con el Señor diariamente. Por qué Dios quiere pasar tiempo con nosotros es algo que solo puede explicarse mediante el amor incondicional que Él nos muestra en su Palabra, pero promete que si pasamos tiempo en oración en el lugar secreto, Él nos recompensará en público. ¡Esa promesa cambiará vidas por la eternidad!

En el lugar secreto ocurren cosas poderosas. En las conversaciones que tenga hoy con el Dios que le ama, presente a sus pastores y a los líderes de su iglesia, pidiendo que en sus tiempos a solas con Dios se encuentren con su presencia y su poder. Presente a sus familiares y amigos que necesitan que el Señor toque sus vidas hoy. Pongamos una hora fija para tener nuestra cita diaria con Dios en el lugar secreto, el lugar donde los corazones son cambiados para siempre.

Día 8

Oraciones fervientes para Él

Jim & Cathy Maxim

"Los hombres podrán desdeñar nuestros consejos, rechazar nuestro mensaje, oponerse a nuestros argumentos u odiarnos como personas, pero no pueden hacer nada contra nuestras oraciones".[9]
—*J. Sidlow Baxter*

Por aquel tiempo el rey Herodes echó mano a algunos que pertenecían a la iglesia para maltratarlos. Hizo matar a espada a Jacobo, el hermano de Juan. Y viendo que esto agradaba a los judíos, hizo arrestar también a Pedro. Esto sucedió durante los días de los Panes sin Levadura. Habiéndolo arrestado, lo puso en la cárcel, entregándolo a cuatro grupos de soldados para que lo custodiaran, con la intención de llevarlo ante el pueblo después de la Pascua. Así pues, Pedro era custodiado en la cárcel, ***pero la iglesia hacía oración ferviente a Dios por él.***
—Hechos 12:1-5 (NBLA)

Analicemos más detenidamente el significado de algunas de las palabras en negrita:

9. J. Sidlow Baxter, citado en William Carr Walter y Walter L. Larimore, *Going Public with Your Faith: Becoming a Spiritual Influence at Work* (Grand Rapids, MI: Zondervan, 2003), p. 193.

Pero: "¡De eso nada!", dijo la iglesia. "¡Es nuestro hermano y no les pertenece!".

La iglesia: los creyentes y seguidores de Cristo, unidos en oraciones de acuerdo.

Ferviente: una oración intensa, dedicada, enfocada, desesperada, físicamente agotadora, decidida a conseguir la meta propuesta y que dice: "No podemos rendirnos porque Él está en nosotros".

A Dios: el Gobernador soberano de todo el universo; el Rey, el Señor, nuestro Padre.

¡Las oraciones fervientes a Dios son oraciones que mueven montañas!

¿Y qué ocurrió cuando la iglesia primitiva oró? Dios envió un ángel a Pedro en mitad de la noche, lo despertó, lo liberó de sus cadenas y lo sacó de la cárcel, ¡llevándolo al lugar donde la iglesia estaba orando por él! Pedro pensó que era un sueño. Cuando se dio cuento de que era real, *llegó a casa de María la madre de Juan, el que tenía por sobrenombre Marcos, donde muchos estaban reunidos orando* (Hechos 12:12).

Pedro podía estar agradecido con Dios por tener a personas que entendían el valor de la "oración ferviente". La iglesia estaba trabajando en el ámbito espiritual para que Dios pudiera trabajar en el ámbito sobrenatural. *¡Pero la iglesia hacía oración ferviente a Dios por él!* (Hechos 12:5, NBLA).

No estoy diciendo que cada vez que oramos recibiremos milagros instantáneos como este. Lo que quiero decir es que podemos recibir ánimo y esperanza tremendos cuando comprendemos que el acto de la oración es sagrado para Dios; tanto, que Él guarda nuestras oraciones en copas de oro en el cielo (véase Apocalipsis 5:8), y nuestras oraciones son eternas.

Estoy muy agradecido porque mi mamá, Isobel Maxim, no me dejara ir. Ella hizo oraciones fervientes a Dios por mí durante años, cuando yo estaba profundamente perdido, y Dios me hizo libre. Aunque no fue instantáneo, el día llegó en el momento perfecto de Dios. Toda mi vida en Cristo (mi relación con el Dios todopoderoso, mi esposa, mis hijos, mis nietos, mi comunión en el cuerpo de Cristo y mi trabajo) ha sido posible por las oraciones fervientes que ella hizo por mí.

Jesús dijo:

> *Tened fe en Dios. Porque de cierto os digo que cualquiera que dijere a este monte: Quítate y échate en el mar, y no dudare en su corazón, sino creyere que será hecho lo que dice, lo que diga le será hecho. Por tanto, os digo que todo lo que pidiereis orando, creed que lo recibiréis, y os vendrá.*
>
> (Marcos 11:22-24)

Eso no significa que será en el tiempo de usted, pero Jesús sí dijo que sería suyo: *Pero sin fe es imposible agradar a Dios; porque es necesario que el que se acerca a Dios crea que le hay, y que es galardonador de* ***los que le buscan*** (Hebreos 11:6).

¡Tomémosle la palabra a Dios! Vayamos ante Dios Padre y llevemos oraciones fervientes y diligentes, primeramente por los pastores de nuestras iglesias, siguiendo con nuestro compromiso de orar por ellos durante estos veintiún días. Después, oremos fervientemente por nuestros seres queridos que están lejos de Dios, pidiéndole a Él que los saque de esa prisión que los mantiene cautivos.

Nunca quiero ser superficial o casual en mis peticiones a Dios, ¿y usted? ¡Él ha prometido recompensar a aquellos que lo buscan!

Día 9

La oración es nuestra arma

Jim & Cathy Maxim

"La oración es **nuestra arma más formidable**, pero aquella para la cual tenemos menos habilidad; la que menos utilizamos".[10]

—*E. M. Bounds*

Porque las armas de nuestra milicia no son carnales, sino poderosas en Dios para ***la destrucción de fortalezas****, derribando argumentos y toda altivez que se levanta contra el conocimiento de Dios, y* ***llevando cautivo todo pensamiento a la obediencia a Cristo.***

—2 Corintios 10:4-5

¿A qué se refiere Pablo exactamente con "las armas de nuestra milicia"? Está hablando de poderosas armas espirituales (no armas humanas, sino de Dios) que pueden liberarnos de las fortalezas del enemigo sobre nuestras vidas. Armas como la oración, la fe y la Palabra de Dios.

¿Alguna vez ha pensado en la oración como un arma? Según este pasaje, ¡parece que Pablo nos está exhortando a estar a la ofensiva cuando

10. E. M. Bounds, *Purpose in Prayer*, p. 48.

usamos nuestras armas espirituales para derribar fortalezas en nuestras vidas y en las vidas de aquellos a quienes amamos!

Una fortaleza es un lugar que ha sido fortificado para protegerlo de los ataques, como por ejemplo un castillo o un fuerte. ¿De qué tipo de fortalezas está hablando Pablo? Cualquier pensamiento, plan o acción que se levante contra el conocimiento de Dios. Pablo declaró que tenemos armas espirituales del Dios todopoderoso que derribarán esas fortalezas y nos permitirán "[llevar] cautivo todo pensamiento a la obediencia a Cristo" (véase 2 Corintios 10:5).

En otras palabras, si nosotros o alguien a quien amamos creemos las mentiras negativas del enemigo en lugar de la Palabra de Dios (si hemos sido esclavizados por las mentiras de Satanás que dicen que no somos lo suficientemente buenos, que no le pertenecemos a Dios, que fracasaremos en todo lo que intentemos hacer en la vida o que necesitamos drogas o alcohol para poder sobrevivir otro día más), debemos derribar esas fortalezas con las armas espirituales que Dios nos ha dado. Si lo que estamos viendo, lo que permitimos que ocupe nuestra mente o lo que nos está ocurriendo es contrario a la Palabra de Dios, entonces Dios nos ha dado las armas de la oración, la fe y su Palabra para usarlas contra esas cosas, ¡haciendo que no tengan influencia sobre nuestros pensamientos y nuestras vidas!

¿Recuerda el día en el que conoció la verdad acerca de Jesús por primera vez? ¿Recuerda el día en el que vio claro que Él había pagado el precio para hacerle libre? ¿Recuerda el día en el que las "fortalezas" en su vida se derrumbaron y las mentiras que Satanás había designado para usted ya no le ataban? ¿Recuerda cuando la fortaleza fue destruida porque alguien oró por usted, utilizando su arma para cumplir el propósito de Dios en su vida, que es conocerlo y amarlo a Él?

Seamos prácticos. Si tenemos un ser querido que está atrapado en una adicción, ¿cómo debemos usar estas armas espirituales para abordar esta situación como cristianos? Utilice la oración como arma espiritual en la vida de esa persona. Dios ha dicho que nuestras armas son poderosas para derribar fortalezas en las vidas de nuestros seres queridos (véase 2 Corintios 10:4). Cuando oramos fervientemente por ellos, podemos derribar las fortalezas demoníacas que les impiden ver la verdad del amor de Dios. Nuestra intercesión por ellos hace que las fuerzas demoníacas pierdan su control para que nuestros seres queridos puedan ver los engaños que Satanás ha ejercido sobre ellos. Nuestras oraciones los llevarán a la verdad. Recuerde las palabras de Jesús: *Y conoceréis la verdad, y la verdad os hará libres* (Juan 8:32).

Puede parecer extraño que la oración tenga el poder de destruir estas fortalezas y cambiar la vida de una persona por la eternidad; sin embargo, debemos pensar con una perspectiva celestial. La oración es una comunicación con Dios que opera bajo las normas y reglas del mundo espiritual. ¡No podemos pelear nuestras batallas espirituales utilizando medios humanos! Debemos utilizar las armas espirituales que Dios nos ofrece, y como dice E. M. Bounds, la oración es el arma más formidable de todas.

Cuando oramos a un Dios todopoderoso, podemos "atar al enemigo" (véase Mateo 16:19) en nombre de otras personas y llevar todos sus pensamientos cautivos a la Palabra de Dios. Cuando oremos para que Dios intervenga en sus vidas, comenzarán a ver que Él se acerca a ellos con amor. ¡Las oraciones que usted haga se convertirán en un catalizador que movilizará el poder de Dios por ellos! La oración es el poder que Dios le ha dado a su iglesia, y debemos usarlo. ¡La oración es lo que los hará libres!

¿Puede ver que Dios señaló la oración como el arma verdadera de la iglesia para ejecutar sus propósitos en la tierra? ¿Puede ver que haber orado y estar listo para la batalla es un privilegio? ¿Cree que si inclina su rostro a la oración, Dios mismo se encontrará con usted? La presencia de Dios, la presencia real de Dios hará que usted fluya en el poder del Espíritu Santo.

La oración es el arma de Dios para la iglesia que nos da el poder para derribar y destruir las fortalezas que acechan a los corazones y las mentes de nuestros pastores y sus familias. Los intentos de Satanás para desanimarlo y arruinar su ministerio pueden parecer una fortaleza imposible de derrotar; sin embargo, Dios nos ha dado el poder para orar en su favor a través de la oración de intercesión, ¡destruyendo todos los ataques del enemigo!

Únase hoy a nosotros en oración para que las armas de nuestra milicia sean poderosas para derribar las fortalezas de nuestras vidas y de las vidas de aquellos que nos rodean.

Día 10

Un fundamento más firme

Jim Maxim

"Solo podrá llegar tan lejos para Dios
como tiempo tenga para Dios".
—*Jim Maxim*

Semejante es al hombre que al edificar una casa, cavó y ahondó y puso el fundamento sobre la roca; y cuando vino una inundación, el río dio con ímpetu contra aquella casa, pero no la pudo mover, porque estaba fundada sobre la roca.
—Lucas 6:48

Estaba yo en el centro de Pittsburgh una tarde, parado ante un semáforo en rojo, cuando miré a mi izquierda y vi una gran obra en desarrollo. Los obreros tenían puestos sus cinturones de trabajo, llevaban diferentes materiales de construcción de un lado a otro y estaban muy enfocados en hacer su trabajo. Los arquitectos tenían los planos extendidos ante ellos y los revisaban con el jefe de obra. Los camiones de cemento estaban todos alineados en la calle listos para empezar con el cimiento. Yo me preguntaba dónde comenzarían a echarlo, cuando lo vi: era un agujero gigante.

Me preguntaba cuán profundo era. Me puse todo lo recto que pude en mi asiento para intentar ver el fondo del agujero. Me asombró lo profundo que era. En ese momento sentí que el Espíritu Santo comenzó a moverse con gentileza en mi corazón y a hablarme: *Jim, solo podrás llegar tan lejos para Dios como tiempo tengas para Dios. Cuanto más grande sea el edificio, más profundos deben ser sus cimientos*. Entendí inmediatamente lo que quería decir. Pude ver mi vida delante de mí; veía el deseo que Cathy y yo teníamos de caminar con Dios, de darle la gloria y de edificar su iglesia de cualquier manera que Él escogiera hacerlo con nosotros. Él me estaba recordando con cariño que, cuanto más alto quisiéramos construir en su nombre, más profundamente debíamos desarrollar nuestra relación con Él.

Pensé en todas las mujeres y los hombres cristianos piadosos acerca de los cuales había leído, aquellos que fueron usados por Dios hace generaciones atrás y aquellos que están siendo usados hoy por Él para edificar su reino. Pude ver el denominador común: al contrario que muchos otros, entendieron que su primera prioridad era estar con Él.

"Solo podrá llegar tan lejos para Dios como tiempo tenga para Dios. No hay atajos para nadie y nunca los habrá". Nuestro hombre espiritual, que es nuestro verdadero yo, debe estar continuamente en la presencia de Dios porque es ahí donde recibimos alimento y riego. Ahí le ministramos a Él y Él nos cambia. Recuerde que lo primero que hizo Dios nuestro Padre después de aceptar el sacrificio de Jesús en la cruz fue rasgar el velo que impedía que la humanidad entrara en el Lugar Santísimo. Antes de ese día, solamente el sumo sacerdote podía entrar en la presencia de Dios. Ahora está abierto a todos los que creen en el Señor Jesucristo y son salvos. Nuestro mayor privilegio es estar con Dios.

Sabía que Dios estaba esperando que yo fuera más disciplinado para pasar tiempo con Él. Sabía que su deseo era mostrarme más de sí mismo y el verdadero poder de la oración. Sabía que me estaba ofreciendo lo que

Él tiene para todos sus hijos: una vida más profunda en Él. Estaba esperando mi respuesta. No mucho después de esto, las bendiciones de Dios comenzaron a explotar en muchas áreas de nuestras vidas. Era como si este secreto (el lugar secreto) ya no fuera un secreto para nosotros. La oración se había convertido en la realidad que Dios había querido desde el principio.

> *Confesaos vuestras ofensas unos a otros, y orad unos por otros, para que seáis sanados.* ***La oración eficaz del justo puede mucho.***
>
> (Santiago 5:16)

Cada uno de nosotros debe llegar a comprender que podremos conseguir muchas más cosas en nuestras vidas cuando nuestra actitudes y acciones acerca de la oración son "fervientes y eficaces" (véase Santiago 5:16, NTV). Dios se deleita en responder a esas oraciones fervientes, pero la mayoría de nosotros, estando en situaciones diferentes, hemos creído la mentira del enemigo de que estamos "demasiado ocupados" como para tener tiempo a solas con Dios.

En este día nos acercaremos al Señor en oración para llevar esa mentira "cautiva a la obediencia a Cristo" (véase 2 Corintios 10:5). Nadie está demasiado ocupado como para no presentarse ante Dios en el lugar secreto. También oraremos por nuestros pastores y los líderes de nuestra iglesia, para que pasen tiempo con Dios independientemente de cuán ajetreadas sean sus vidas. Oraremos para que la iglesia se junte a orar por las cargas de los pastores mientras estos buscan el rostro de Dios en nombre de sus congregaciones. Y oraremos los unos por los otros, para que recordemos que "solo podremos llegar tan lejos para Dios como tiempo tengamos para Dios".

Día 11

La disciplina en la oración produce paz

Jim & Cathy Maxim

"La batalla de la oración es contra dos cosas:
pensamientos que divagan y falta de cercanía con
el carácter de Dios tal como nos es revelado en
su Palabra. Ninguno de los dos puede ser curado
inmediatamente, pero se pueden curar con disciplina".[11]
—*Oswald Chambers*

Tú guardarás en completa paz a aquel cuyo pensamiento en ti persevera; porque en ti ha confiado.
—Isaías 26:3

La disciplina de la oración cambiará para bien todos los aspectos de su vida. Dios dijo que Él guardaría en completa paz a aquel cuyo pensamiento persevera en Él. Perfecta paz; ¿cuánto no pagaría el mundo por tener paz perfecta?

11. Oswald Chambers, *Disciplinas cristianas* (Grand Rapids, MI: Discover House Publishers, 2013).

Queridos hermanos y hermanas, este es nuestro undécimo día de buscar a Dios juntos. Tal vez haya decidido que el mundo no será la fuente de su paz, porque su paz viene solamente de Dios. ¿Está convencido de que su paz es la paz de Dios que vive en su interior?

Nada que le ocurra podrá arrebatarle jamás esa paz. Dios mismo ha prometido que, si usted pone su mente en Él, Él personalmente le guardará en completa paz. No dijo que las aguas de la vida no se embravecerán o que el infierno no cargará contra usted con toda su fuerza; dijo que Él guardará en completa paz a aquel que ponga su mente en Él.

Tal vez haya decidido, durante nuestros veintiún días de oración, ser disciplinado y encontrarse a solas con Dios Padre, el Señor Jesús y el Espíritu Santo para poder recibir esta promesa de paz. Las decisiones que tome a diario para ser disciplinado en la oración y en la lectura de la Palabra de Dios ¡son lo mejor que hará en la vida! Es entonces cuando experimentará su presencia, y Él pondrá su paz sobre usted de manera personal, haciendo que también fluya por medio de usted.

Analicemos una vez más la escritura de hoy: *Tú guardarás en completa paz a aquel cuyo pensamiento en ti persevera; porque en ti ha confiado.* La promesa no es para la persona que piensa en Dios de vez en cuando, sino para la que tiene a Dios constantemente en sus pensamientos.

"Guardar" significa tener o retener la posesión de algo y continuar o hacer que algo continúe siendo de determinada manera, siga una determinada posición o siga un determinado curso. Algunos sinónimos son permanecer, seguir siendo, quedarse o continuar.

Jesús trajo una promesa de paz: *La paz os dejo, mi paz os doy; yo no os la doy como el mundo la da. No se turbe vuestro corazón, ni tenga miedo* (Juan 14:27).

Jesús también dijo: *El ladrón [el diablo] no viene sino para hurtar y matar y destruir* (Juan 10:10). Nuestra disciplina de oración impide que el diablo pueda robarnos nuestra paz. La oración es el método, la actividad, la manera en que seguimos recibiendo la paz del Dios todopoderoso, ¡y esa es la razón principal por la que la oración es lo más importante que haremos en la vida!

Satanás hará todo lo que pueda para impedir que usted pase tiempo a solas con Dios, pues sabe que recibe su paz cuando está a solas con Dios. Un cristiano que vive en la paz de Dios es la fuerza sobrenatural más peligrosa que hay sobre la tierra. Un cristiano que camina con el poder de la paz de Dios sobre él o ella puede hacer grandes cosas para la gloria de Dios. Usted puede convertirse en la persona que Dios siempre ha querido que sea. Puede caminar en el destino divino que Dios le ha dado. Puede estar en sintonía con el Espíritu Santo. Puede seguir siendo usado por Él para su gloria.

La disciplina diaria que usted ha escogido, la actividad de la oración, mantendrá su mente en las cosas de Dios y le convertirá en la clase de persona que Dios puede usar para derramar su amor y su poder en un mundo perdido y moribundo. Y podrá ver cómo Él transformará a sus seres queridos que han sido heridos, en personas que aman, honran y sirven a Dios a su lado.

A través de la disciplina de la oración usted puede ser usado poderosamente en el cuerpo de Cristo para animar y orar por aquellos que están necesitados en su hogar, su vecindario y en la iglesia. Durante estos días de oración, y mucho tiempo después, sus oraciones diarias pueden también animar y levantar a los pastores en su comunidad mientras estos se encuentran al frente de la batalla contra el enemigo y buscan la voluntad de Dios para las personas bajo su cuidado.

Demos gracias a Dios por su paz que gobierna y reina en nuestros corazones, ¡y por la disciplina de la oración que nos permite ver el milagro de las respuestas a las oraciones en el mundo que nos rodea!

Día 12

Orar con una Biblia abierta

Daniel Henderson

"Igual que la Palabra de Dios debe reformar nuestra teología, nuestra ética y nuestras prácticas, también debe reformar nuestras oraciones".[12]
—*D. A. Carson*

Y puestos en libertad, vinieron a los suyos y contaron todo lo que los principales sacerdotes y los ancianos les habían dicho. Y ellos, habiéndolo oído, alzaron unánimes la voz a Dios, y dijeron: Soberano Señor, tú eres el Dios que hiciste el cielo y la tierra, el mar y todo lo que en ellos hay; que por boca de David tu siervo dijiste: ¿Por qué se amotinan las gentes, y los pueblos piensan cosas vanas?
—Hechos 4:23-25

¿Alguna vez se ha preguntado cómo habría sido una reunión de oración en la iglesia primitiva? Aunque sabemos que los primeros seguidores de Cristo oraban mucho y a menudo, no tenemos un relato detallado del contenido de sus oraciones, excepto Hechos 4:23-31 (una parte

12. D. A. Carson, *Un llamamiento a la renovación espiritual: Las prioridades de Pablo y sus oraciones* (Grand Rapids, MI: Baker Book House Company, 1992), p. 17.

de este texto aparece arriba). Tómese un minuto para leer todo el relato detenidamente y con una actitud de oración, y después considere dónde comenzaban los primeros cristianos sus oraciones y de qué manera eso dirigía el enfoque de estas.

Se dará cuenta de que este ejemplo crucial de oración comenzó con adoración a Dios por ser el Creador soberano, basándose en la Palabra de Dios. Comenzaron con su persecución orando con las Escrituras del Antiguo Testamento (en este caso Salmos 2).

¿Alguna vez se ha fijado en que la persona que inicia una conversación tiende a guiarla? Por lo tanto, en la oración, ¿no será mucho mejor dejar que Dios inicie la conversación con su Palabra para que pueda guiar la conversación basándose en su verdad viva, poderosa e inmutable?

Claramente, esta es la idea de una intimidad basada en la verdad que da forma a nuestras oraciones y moldea la expresión correcta de nuestras necesidades. De nuevo, la oración no es recitar de modo casual los problemas o el dolor que nos vienen a la mente en algún momento dado. Es el rebosar de un corazón enfocado en la presencia consciente de Cristo, que se aferra a Él y a su Palabra como la fuente y el todo de nuestras vidas.

Estos líderes de la iglesia primitiva habían interiorizado las palabras que Jesús enseñó en el aposento alto días después de su muerte: *Si permanecéis en mí, y mis palabras permanecen en vosotros, pedid todo lo que queréis, y os será hecho. En esto es glorificado mi Padre, en que llevéis mucho fruto, y seáis así mis discípulos* (Juan 15:7-8). Jesús les enseñó acerca de una vida de permanecer y dar fruto, y fruto en abundancia. Ahora había dicho que una oración poderosa y una vida fructífera serían el resultado de que su Palabra habitara en ellos.

El pastor John Piper mostró la perspectiva correcta cuando dijo:

> Hay decenas de momentos en la Biblia en los que personas oraban por deseos tan naturales como ser protegidos de los enemigos, escapar del peligro, éxito en sus vocaciones, fertilidad en el matrimonio, recuperación de enfermedad, etc. Mi punto no es que esos deseos estén mal. Mi punto es que siempre deben estar sometidos a deseos espirituales: deseos del reino, deseos que traen fruto, deseos que extienden el evangelio, que tienen a Dios en el centro, que exaltan a Cristo y que glorifican a Dios. Y, cuando nuestros deseos naturales son un medio para hacer realidad esos deseos mayores, entonces se convierten en deseos adecuados para poner en oración.[13]

Aunque no fue siempre así, todas mis oraciones de las últimas dos décadas, tanto personales como en comunidad, han comenzado con una Biblia abierta. A nivel personal, leo las Escrituras utilizando un programa de la Biblia en mi computadora portátil. Cuando un pasaje específico me habla, lo pego en el programa que utilizo para llevar un registro diario. Después dejo un tiempo para que esos pasajes de la Biblia hablen a mi corazón de manera profunda, y escribo mis oraciones como respuesta. Este sentimiento de la presencia de Dios y la sustancia de su Palabra guía mis oraciones para ese día. Cuando me salto un día de este tipo de oraciones, lo cual ocurre más a menudo de lo que me gustaría, siento la diferencia y la distancia.

George Müller, un reconocido hombre de fe y evangelista que cuidó a miles de huérfanos y fundó decenas de escuelas cristianas en el siglo XIX, habló sobre el papel vital de las Escrituras en su vida de oración. Se dio cuenta de que, durante años, había intentado orar sin comenzar primero leyendo su Biblia en las mañanas. Inevitablemente,

---

13. John Piper, "Ask Whatever You Wish", *Desiring God Ministries* (10 de enero de 1993), https://www.desiringgod.org/messages/ask-whatever-you-wish.

su mente divagaba durante diez, quince o incluso treinta minutos.[14] Después, cuando comenzaba a leer la Biblia cada mañana para alimentar su alma, la verdad comenzaba a transformar su corazón, lo cual lo llevaba a hacer oraciones espontáneas de confesión, acción de gracias, intercesión y súplica. Esto se convirtió en su experiencia diaria durante décadas, lo cual resultó en un gran crecimiento personal y poder en su vida y ministerio.

Hablando de esta misma idea, el pastor John Piper observó: "He visto... que aquellos cuyas oraciones están más saturadas de las Escrituras suelen ser más fervientes y más efectivos en sus oraciones. Y cuando la mente no rebosa de la Biblia, el corazón no suele rebosar de oración".[15]

Por lo tanto, busquemos siempre orar por nuestro caminar con Cristo, nuestras familias y los líderes de nuestra iglesia desde un lugar de permanencia en Él y permitir que su Palabra sature nuestras mentes y guíe nuestras palabras. Entonces, nuestras oraciones no serán solo oraciones cortas, superficiales, poco profundas o egoístas. En cambio, la Palabra de Dios nos guiará a la voluntad de Dios, y su voluntad se convertirá en el deleite de nuestros corazones.

---

14. George Müller, *Autobiography of George Müller* (New Kensington, PA: Whitaker House, 1985), pp. 137–138.
15. John Piper, "How to Pray for a Desolate Church", *Desiring God Ministries* (5 de enero de 1992), https://www.desiringgod.org/messages/how-to-pray-for-a-desolate-church.

Día 13

La oración todo lo puede

Jim & Cathy Maxim

"Basándome en un encuentro personal con
D. L. Moody, quiero testificar que era mucho más 'orador'
(persona que ora) que predicador.
Una y otra vez se encontraba con obstáculos que parecían
infranqueables, pero siempre sabía la forma de sobreponerse y
superar todas las dificultades. Sabía cómo hacer que ocurriera
cualquier cosa que tenía que ocurrir. Sabía y creía en lo más
profundo de su alma que no había 'nada demasiado difícil
para el Señor' y que **la oración podía hacer cualquier cosa
que Dios pudiera hacer**".[16]
—*R. A. Torrey*

Y a Aquel que es poderoso para hacer todas las cosas mucho más abundantemente de lo que pedimos o entendemos, según el poder que actúa en nosotros, a él sea gloria en la iglesia en Cristo Jesús por todas las edades, por los siglos de los siglos. Amén.
—Efesios 3:20-21

Cualquiera que haya oído hablar de D. L. Moody sabe que fue un hombre con estudios de noveno grado; un vendedor de zapatos que no tenía entrenamiento teológico formal de ningún tipo. Sin embargo, Dios

16. R. A. Torrey, *¿Por qué Dios usó a D. L. Moody?* (Editora Dracaena, 2015).

lo usó para sacudir los continentes, fundar dos universidades bíblicas y pastorear una iglesia de 8000 miembros en Chicago, así como escribir decenas de libros. Y lo que es más importante, Moody fue una de las personas que más almas llevó a Cristo en todos los tiempos, y sabía que el secreto a voces de su éxito era pasar tiempo en el lugar secreto. Conocía muy bien al Todopoderoso. "Prefiero poder orar que ser un gran predicador; Jesucristo nunca enseñó a sus discípulos cómo predicar pero sí cómo orar", dijo una vez.

Hay una famosa historia sobre Moody contada por Henry Varley, un evangelista británico que se hizo amigo de Moody cuando estaba en Dublín, Irlanda, en 1873. Un año después de haberse conocido, Moody regresó a Irlanda por una conferencia bíblica. En América era conocido por ser un gran evangelista, y Varley recuerda la razón que Moody le dio de por qué Dios estaba bendiciendo su ministerio:

> Durante la tarde del día de la conferencia, el Sr. Moody me pidió que lo acompañara a la sacristía de la iglesia bautista. Estábamos solos, y él recordó la reunión nocturna en Willow Park un año antes y nuestra conversación de la mañana siguiente.
>
> ¿Recuerdas tus palabras?", me dijo.
>
> "Recuerdo muy bien nuestra entrevista, pero no me acuerdo de las palabras exactas", respondí.
>
> "¿No recuerdas haber dicho: 'Moody, el mundo aún no ha visto lo que Dios hará con un hombre completamente consagrado a Él?'".
>
> "No recuerdo la frase exacta", respondí yo.
>
> "Ah", dijo el Sr. Moody, "esas fueron las palabras que el Dios viviente habló a mi alma a través de ti. Cuando crucé el Atlántico, los tablones de la cubierta del navío parecían estar cubiertos de ellas, y cuando llegué a Chicago, hasta las baldosas de la calle parecían marcadas con las palabras: 'Moody, el

mundo aún no ha visto lo que Dios hará con un hombre completamente consagrado a Él'. Bajo el poder de esas palabras he regresado a Inglaterra, y sentía que no debía dejar pasar más tiempo hasta hacerte saber que Dios usó tus palabras para hablar a lo más profundo de mi alma".[17]

Moody era un hombre consagrado a Dios que creía que la oración podía hacer cualquier cosa que Dios pudiera hacer. Pablo, bajo la dirección del Espíritu Santo, lo escribió de la siguiente forma: *[Dios hará todo] mucho más abundantemente de lo que pedimos o entendemos* (Efesios 3:20). Él hará más de lo que podamos pedir o entender. ¿Qué está buscando usted de Dios? ¿Cuál es el verdadero deseo de su corazón? ¿Está preparado para preguntarle a Dios por ello?

Fíjese cuándo llega lo mucho más abundante: ¡cuando pedimos! Cuando hablamos con nuestro Padre celestial. La oración puede hacer cualquier cosa que Dios pueda hacer. ¿Se imagina cómo sería si realmente viviéramos nuestras vidas de esta forma? ¿Le gustaría conocer a su Padre celestial más como su mejor amigo? D. L. Moody lo conocía de esta manera porque lo pidió.

Yo seguramente no seré usado nunca de la misma forma poderosa en la que Dios usó a D. L. Moody. Seguramente no fundaré ninguna universidad ni seré conocido en todo el mundo como líder cristiano de renombre. Sin embargo, sé que usted y yo tenemos una cosa en común con D. L. Moody: tenemos el mismo Padre, y sus promesas para usted y para mí son las mismas:

> *Pedid, y se os dará; buscad, y hallaréis; llamad, y se os abrirá. Porque todo aquel que* ***pide****, recibe; y el que* ***busca****, halla; y al que* ***llama****, se le abrirá. ¿Qué hombre hay de vosotros, que si su hijo le pide pan, le dará una piedra? ¿O si le pide un pescado, le dará una*

17. Paul Gericke, *Crucial Experiences in the Life of D. L. Moody.*

serpiente? Pues si vosotros, siendo malos, sabéis dar buenas dádivas a vuestros hijos, ¿cuánto más vuestro Padre que está en los cielos dará buenas cosas a los que ***le pidan****?*

(Mateo 7:7-11)

Estos veintiún días de oraciones fervientes de intercesión tienen el objetivo de aprender a orar, aprender a esperar en Dios por la respuesta, aprender que nuestra tarea es pedir, buscar y llamar, y aprender lo mucho que nuestro Padre celestial quiere darnos cosas buenas igual que nosotros queremos darles cosas buenas a nuestros hijos. Lo más importante es que se trata de aprender que pasar tiempo con nuestro Padre celestial en el lugar secreto nos cambia, y también cambia nuestro entendimiento de cómo Él obra a favor de aquellos que esperan en Él en oración.

Únase a nosotros hoy en oración de común acuerdo. Oraremos para que los ojos de nuestro entendimiento sean abiertos y sepamos, sin lugar a dudas, que podemos pedirle a nuestro Padre celestial que responda a los deseos de nuestro corazón. También oraremos con fervor por nuestro pastores, para que reciban ánimo para creer que la oración puede hacer cualquier cosa que Dios pueda hacer en sus iglesias y en sus vidas.

Día 14

Usted no puede hacer nada

Jim Maxim

"La oración es renunciar a nuestra propia habilidad o capacidad natural y poner en práctica habilidades divinas que **no tienen límites**".
—*Jim Maxim*

Yo soy la vid; ustedes son las ramas. Los que permanecen en mí y yo en ellos producirán mucho fruto porque, separados de mí, ***no pueden hacer nada.***
—Juan 15:5 (NTV)

Separados de mí, dijo Jesús, *no pueden hacer nada.* Na-da.

Por eso permanecemos en Él, porque Dios es la fuente de todo para nosotros. En la oración reconocemos conscientemente que Él es esa fuente, y hacemos que nuestras preocupaciones descansen en sus habilidades. Ahora bien, no estoy diciendo que debemos sentarnos y cruzar los brazos dejando que Dios lo haga todo por nosotros. Como hombre de negocios cristiano al que le ha sido permitido levantar una empresa internacional líder en su sector, sé a ciencia cierta que las habilidades que Dios nos ha dado no son para dejarlas guardadas en un cajón. ¡Se nos ha dado una mente, un cuerpo y un espíritu para que aprovechemos al máximo sus capacidades!

Sin embargo, estas habilidades son un regalo de Dios y solo Él puede guiarnos a aprovecharlas al máximo para su gloria. ¡La oración y esperar en Él nos mantienen conectados a Él y a su fuente de poder!

Los que permanecen [habitan] en mí y yo en ellos ***producirán mucho fruto*** *porque, separados de mí, no pueden hacer nada* (Juan 15:5, NTV). ¿Acaso no queremos producir mucho fruto para el reino de Dios? Eso significa guiar a otros a Cristo, orar por personas que necesitan ver su mano desesperadamente, animar a los pastores y levantarlos en su fe, que la iglesia de usted crezca espiritual y físicamente, y ver cómo sus seres queridos llegan a los pies de Cristo o tal vez son librados de una situación o relación difícil. Estos veintiún días de oración nos muestran exactamente cómo producir fruto en nuestras vidas y en torno a ellas: *¡debemos permanecer en Jesús!*

Permanecer en Jesús nos lleva a una intercesión verdadera, al acto de entregarnos en oración por las necesidades de los demás, así como las nuestras. La intercesión puede liberar a los cautivos. Efesios 6:18 nos anima a orar en todo tiempo, en toda circunstancia, ¡por todas las personas que conocemos que necesitan oración! Dios quiere que oremos así porque sabe que el poder de la oración es ilimitado.

R. A. Torrey escribió algo simple pero profundo: "Mucha oración, mucho poder. Poca oración, poco poder". ¡El apóstol Pablo dijo que el reino de Dios no consiste en palabras sino en poder! (véase 1 Corintios 4:20).

Este es el poder que cambiará vidas humanas eternamente para la gloria del Dios todopoderoso cuando su Espíritu actúe a través de nosotros. El Espíritu Santo busca a los hijos de Dios para empoderarlos desde lo alto; poder que es dado a los que desean glorificar a su Padre celestial. Este poder está disponible para todos los que piden en oración; los que permanecen y creen.

Orar, dedicarnos a Él, pasar tiempo con Él, honrarlo a Él primero todos los días, darle los primeros frutos de nuestro tiempo, hacernos sus amigos, ponerlo primero en todo lo que hacemos, pedir su guía primero en todo, reconocer que solo Él es poderoso, estar de acuerdo con Él en que no podemos hacer nada separados de Él, pedirle diariamente que nos acerque a sí mismo, buscar un toque nuevo y fresco de Él, reconocer que lo amamos más que a nosotros mismos, reconocer que solo Él es santo y nosotros no, confesar nuestros pecados, pedir perdón y estar a cuentas con Él; ¡así es como permanecemos en Cristo y producimos el fruto que anhelamos ver crecer en nuestras vidas y en las vidas de los que nos rodean!

Es imposible conocer demasiado a Dios, ¡pero sí puede conocerlo todo lo que quiera!

Día 15

Orar en comunidad

Daniel Henderson

"La gente pregunta: ¿qué es más importante, la oración privada o la oración en comunidad? La respuesta es ambas. Es como preguntar: ¿qué es más importante para caminar, la pierna derecha o la izquierda?".
—*Daniel Henderson*

Cooperando también vosotros a favor nuestro con la oración, para que por muchas personas sean dadas gracias a favor nuestro por el don concedido a nosotros por medio de muchos.
—2 Corintios 1:11

La iglesia primitiva entendía el valor de la comunidad, reunirse diariamente para orar, y las otras disciplinas vitales para el crecimiento espiritual. En Hechos 2:42 vemos los patrones de discipulado que emergieron en la iglesia de Jerusalén, compuesta casi en su totalidad por nuevos creyentes. Dice: *Y perseveraban en la doctrina de los apóstoles, en la comunión unos con otros, en el partimiento del pan y en las oraciones.*

En el primer siglo no se podía aprender la doctrina del apóstol descargando su *podcast*. Había que reunirse en una comunidad. Lo mismo era cierto acerca del compañerismo y el partimiento del pan. Y ¿cómo aprendieron a orar? Juntos.

Esas oraciones no eran solo una bendición rápida al principio y al final de un estudio bíblico. Los primeros cristianos se juntaban exclusivamente para orar. Lo más probable es que siguieran el patrón que Jesús estableció en el modelo de oración que los guiaba pasando por adoración, sumisión, intercesión, súplica, guerra espiritual y alabanza. En sesiones extendidas de oración en comunidad aprendieron a orar de manera eficaz.

La iglesia nació en una reunión de oración de diez días (véase Hechos 1:14; 2:1). Enfrentaron la crisis y la persecución juntos de rodillas (véase Hechos 4:24-31). A medida que la iglesia crecía, los apóstoles se negaron a enredarse en problemas administrativos porque tenían el deseo y la determinación de ser modelos de oración en su equipo de liderazgo (véase Hechos 6:4). A través de la oración conjunta confiaban en que Dios intervendría de maneras milagrosas y divinas en momentos de dificultades extremas (véase Hechos 12:5-12). Recibieron dirección ministerial mediante sesiones intensivas de oración y adoración (véase Hechos 13:1-2). En realidad, los primeros cristianos aprendieron a orar principalmente orando juntos. ¡Qué contraste con nuestra cultura individualizada!

"¿Por qué hemos dejado a un lado el énfasis en la oración conjunta que encontramos en... Hechos y las epístolas?", pregunta Gene A. Getz, un reconocido profesor del Seminario de Dallas en su libro *Orando unos por otros*. En él, escribe sobre las opiniones partidistas que tenemos acerca de la oración bíblica en lugar de entender la intención original y el contexto de las Escrituras. Resalta que la cultura occidental se distingue por un fuerte individualismo, y comparte esta observación:

> Utilizamos los pronombres "yo", "mi", y "me". No se nos ha enseñado a pensar en "nosotros", "nuestro" y "nos". En consecuencia, individualizamos muchas referencias a experiencias conjuntas en el Nuevo Testamento, a menudo enfatizando así la oración

> personal. En Hechos y en las epístolas se habla más de la oración conjunta, el aprendizaje conjunto de la verdad bíblica, el evangelismo en grupo y la madurez y el crecimiento cristianos en comunidad que de los aspectos personales de estas disciplinas cristianas. No me malentiendan. Ambas están muy relacionadas, pero los aspectos personales del cristianismo son difíciles de mantener y practicar con regularidad si no surgen de una experiencia comunitaria correcta y habitual.[18]

Por favor, no me malentienda; el tiempo a solas en oración con el Señor es un regalo precioso que Dios ha entregado a sus hijos. Aun así, en la cultura occidental hemos llegado a creer que es suficiente con orar solos, excluyendo a los demás. Es un síntoma de nuestra visión más básica de la sociedad. En su libro *The Connecting Church* [La iglesia que conecta], Randy Frazee describió nuestra cultura individualista. Resaltó que ya no nacemos en una cultura de comunidad sino en "un estilo de vida que hace que lo individual sea supremo o soberano sobre todo lo demás".[19] Frazee documentó esto como un problema, especialmente para aquellos nacidos después de la Segunda Guerra Mundial. Lamentaba el efecto que tiene sobre la iglesia al recalcar que "muchas veces hemos imitado la cultura, haciendo del cristianismo un deporte individual".[20]

Ahora leemos los mandamientos acerca de la oración en el Nuevo Testamento y suponemos que están pensados principalmente para motivar al creyente en su tiempo privado de oración. Hemos llegado a creer que la oración se experimenta primero y en su forma más plena a nivel privado; sin embargo, debemos recordar que hasta que se inventó la imprenta, casi todo el aprendizaje ocurría en un marco comunitario. Esto afectaba claramente el modo en que los creyentes recibían y

---

18. Gene Getz, *Orando unos por otros* (Wheaton, IL: Victor Books, 1983), p. 11.
19. Randy Frazee, *The Connecting Church* (Grand Rapids, MI: Zondervan, 2001), p. 43.
20. *Ibid.*, p. 85.

aplicaban la verdad. En la actualidad, al tener copias individuales de la Biblia aplicamos las enseñanzas primero en privado y después, si es que lo hacemos, en comunidad.

En los tiempos del Nuevo Testamento, cuando llegaba una carta de Pablo, los creyentes tenían una sola oportunidad para escuchar las verdades contenidas en ella. Tenían que estar presentes. Punto. Y cuando se leía un mandamiento en el idioma original, los pronombres plurales salían a relucir. Estaba claro que la aplicación era para los creyentes en comunidad. Como resultado, oraban juntos a menudo, con pasión y en obediencia, en común acuerdo.

Michael Griffiths reiteró esta observación cuando escribió:

> En el inglés estándar, la segunda persona del singular "you" (usted) y la segunda persona del plural "you" (ustedes) son idénticas. Por lo tanto, nosotros leemos las cartas del Nuevo Testamento que están dirigidas a una congregación como si estuvieran dirigidas a individuos. Es bueno y correcto que apliquemos las Escrituras a nuestra vida personal; pero es una lástima que lo hagamos solo a nivel individual, ignorando el hecho de que la intención original era instruir no tanto a los individuos sino a las comunidades cristianas en su conjunto.[21]

Hoy en día, hay muchos creyentes que batallan para aprender a orar. A lo largo de los siglos se han escrito cientos de libros acerca de la teología y la práctica de la oración, pero el concepto más fundamental ha sido ignorado con frecuencia. Los cristianos más jóvenes deben aprender a orar en comunidad con los creyentes más maduros. La oración es vital para ser transformados, y la oración conjunta es una parte imprescindible del proceso.

---

21. Michael Griffiths, *God's Forgetful Pilgrims* (Londres: InterVarsity Press, 1978), p. 24.

Hay muchas razones por las que debemos orar junto a otros creyentes. Ya hemos dejado claro que la oración de común acuerdo entre cristianos atrae la presencia y el poder de Dios a nuestras situaciones.

Otra de mis razones favoritas para orar juntos está en 2 Corintios 1:11. Pablo se había enfrentado a pruebas serias; incluso poniendo en riesgo su vida. En medio de todo, el Señor estaba llevando a Pablo a un nuevo nivel de confianza, pero sabía que aún necesitaba las oraciones de la iglesia reunida en Corinto, así que escribió: *Por favor, ayúdennos orando por nosotros. Si muchos oran, muchos también serán los que den gracias a Dios por su ayuda, y por todo lo bueno que él nos da* (2 Corintios 1:11, TLA).

Una de las razones por las que debemos orar juntos los unos por los otros y por nuestros líderes de la iglesia es que esto produce una multiplicación de acción de gracias a Dios porque todos participamos en el proceso y el resultado glorioso de la oración. Más personas han orado y, por lo tanto, más personas pueden reconocer la obra de Dios y sus respuestas.

Así que decidamos hoy orar juntos a menudo. Mientras lo hacemos, asegurémonos de orar por nuestros líderes para que nuestro Señor reciba una gran expresión de agradecimiento por su obra en las vidas de nuestros líderes y nuestras iglesias.

Día 16

Un amor extraordinario me encontró

Cathy Maxim

"Aunque nuestros sentimientos vienen y van, el amor de Dios por nosotros no lo hace".[22]
—*C. S. Lewis*

Mirad cuál amor *nos ha dado el Padre, para que seamos llamados hijos de Dios.*
—1 Juan 3:1

Pero Dios, que es rico en misericordia,
por su gran amor con que nos amó*, aun estando nosotros muertos en pecados, nos dio vida juntamente con Cristo (por gracia sois salvos).*
—Efesios 2:4-5

Muchas veces pienso en cómo será cuando llegue al cielo. ¡Estaré muy sobrecogida y agradecida! ¿Veré primero a Jesús? ¿Cómo será estar en la presencia del Padre? ¿Podré sentarme a los pies del Padre y sentirme amada como una niña con su papá o su mamá? Entonces pienso

22. C. S. Lewis, *The Complete C. S. Lewis Signature Classics* (Nueva York: HarperCollins Publishers, 2002), p. 111.

en quién me estará esperando: mi padre, mi suegra Isobel, mi hermano Charles que murió de una enfermedad de los riñones antes de que yo naciera, mis dos abuelas, mi bisabuela, mis tías, tíos, amigos y demás familiares. Pero, cuando pienso en esto, siempre hay una persona especial a la que no puedo esperar para conocer.

Quiero conocer a la persona que oró por mí. Sé que hay alguien que oró por mí cuando nací. Tal vez fue una enfermera. No sé quién fue, ¡pero sé que alguien oró porque mi vida ha sido extraordinaria! Digo extraordinaria por cómo el Señor me ha cuidado, se acercó a mí y descendió desde el cielo para revelarse a mí.

Sí, ¡un amor extraordinario me encontró! "Esta es mi historia, esta es mi canción / Todo el día alabaré a mi Salvador".[23] "Fui ciego más hoy veo yo / Perdido y Él me halló".[24] Y me pregunto quién fue, quién fue obediente a Cristo; ¿quién fue esa persona que oró por mí?

Qué testimonio más poderoso si se pudiera decir esto de cada uno de nosotros. Si todos pudiéramos decir cuando llegue el momento: "¡Fui yo! ¡Yo oré por ti!". La mayor obra que haremos en nuestra vida es orar para que un alma reciba a Cristo.

En 2 Samuel 14:14 (NTV) dice: *Dios no arrasa con nuestra vida, sino que idea la manera de traernos de regreso cuando hemos estado separados de él.* Sé que esta escritura lejana está hablando sobre una situación completamente diferente, pero la verdad de esa afirmación habla del corazón de Dios y el poder que tiene para intervenir en las vidas de nuestros seres queridos.

También oro citando Juan 3:27 (NTV): *Nadie puede recibir nada a menos que Dios se lo conceda desde el cielo.* Esta escritura me recuerda que no me corresponde cambiar el corazón de la gente; eso le corresponde

---

23. Fanny Jane Crosby, "Blessed Assurance", 1873.
24. John Newton, "Sublime gracia", 1779.

a Dios. Yo solo le pido que lo haga. Nuestras oraciones los cubren en el proceso.

Le pido al Señor que quite las anteojeras del pecado de las vidas de los demás, así que oro declarando Isaías 1:18: *Venid luego, dice Jehová, y estemos a cuenta: si vuestros pecados fueren como la grana, como la nieve serán emblanquecidos.* El pecado distorsiona nuestros pensamientos, así que ¿cómo podrá razonar una persona estando cegada por su deseo de pecar? Necesita la intervención poderosa de Dios; todos la necesitamos. Necesita que sus pecados sean limpiados, lo cual ocurre milagrosamente por la sangre de Jesucristo.

Tenemos que creer que el Señor hará todo lo que Ezequiel vio, así que oro citando Ezequiel 36:25-27 (NTV):

> *Entonces los rociaré con agua pura y quedarán limpios. Lavaré su inmundicia y [...]. Les daré un corazón nuevo y pondré un espíritu nuevo dentro de ustedes. Les quitaré ese terco corazón de piedra y les daré un corazón tierno y receptivo. Pondré mi Espíritu en ustedes para que sigan mis decretos y se aseguren de obedecer mis ordenanzas.*

Pídale al Señor que les dé el deseo y el entendimiento para orar, para confesar que Jesús es su Señor y Salvador: *Por cuanto todos pecaron, y están destituidos de la gloria de Dios* (Romanos 3:23). *Porque de tal manera amó Dios al mundo, que ha dado a su Hijo unigénito, para que todo aquel que en él cree, no se pierda, mas tenga vida eterna* (Juan 3:16).

Pídale al Señor que le dé una fe fresca, independientemente de las circunstancias que rodeen a sus seres queridos. Sé que orar declarando la Palabra de Dios en las vidas de las personas a las que amamos marca la diferencia, ¡porque a mí me encontró un amor extraordinario!

Únase a nosotros en nuestra oración conjunta de fe por nuestros seres queridos (aquellos miembros de nuestras familias y de la familia de

Dios), para que el Señor los libre de las anteojeras del pecado, los limpie dejándolos blancos como la nieve, y los haga libres de todo lo que les impide amar a Dios.

Día 17

Oraciones del corazón

Jim & Cathy Maxim

"Acordémonos siempre de cuatro cosas: Dios escucha nuestras oraciones, Dios presta atención a la oración, Dios responde a nuestras oraciones y Dios rescata por la oración".[25]
—*E. M. Bounds*

Y esta es la confianza que tenemos en él, que si pedimos alguna cosa conforme a su voluntad, él nos oye. Y si ***sabemos*** *que él nos oye en cualquiera cosa que pidamos,* ***sabemos*** *que tenemos las peticiones que le hayamos hecho.*
—1 Juan 5:14-15

¿Alguna vez ha hecho una oración del tamaño de Dios? ¿Recuerda algún momento en el que la intercesión que hizo era tan intensa y estaba tan llena del poder de Dios que estaba seguro de que Dios movería la montaña? En una escala del uno al diez, siendo diez lo más alto, ¿qué número le daría a su nivel de expectativa? Sea sincero.

¿Cómo sería fingir que Dios responderá a *todas* sus oraciones y le dará todos *los deseos de su corazón*? Tómese un momento ahora para

25. Edward McKendree Bounds, *Prayer and Praying Men* (Londres: Hodder & Stoughton, 1921), p. 63.

agarrar una hoja de papel en blanco. Sin que nadie mire, escriba lo que le pediría a Dios si supiera sin ninguna duda que Él respondería a esa oración. Recuerde: ¡nadie lo verá! Puede romperlo en cuanto termine.

Ahora, léalo en voz alta. ¿Esa lista le asusta o le emociona? Si el sueño de su corazón glorificará a Dios, aumentará su fe o bendecirá a otras personas, ¿puede el Dios todopoderoso del universo hacer que ese sueño de usted se cumpla? Yo estoy seguro de que sí.

¿Sabe que esto es muy difícil de hacer para la mayoría de la gente? Tal vez sea porque no quieren decepcionarse con otro sueño no cumplido. Quizá sea porque se avergüenzan de sus oraciones. Tal vez parezca que nada de lo que piden ocurre, así que han creído que es una pérdida de tiempo. Puede que crean que Dios no suele responder a las oraciones que tengan que ver con que Él nos bendiga y nos use para su gloria. Creen que solo las personas especiales reciben respuestas a sus oraciones.

¿Qué piensa *usted*? Fijémonos en los deseos que usted escribió, porque quiero que hablemos de ellos. He caminado con Dios por más de cuarenta años. He aconsejado a cientos de personas y he escuchado a miles orar. Durante ese tiempo he descubierto que la mayoría de las personas no creen que Dios está interesado en ellos de manera personal como promete la Biblia. No creen que Dios realmente quiere escucharles o responderles como haría un Padre amoroso.

> *Bendito sea el Dios y Padre de nuestro Señor Jesucristo, que nos bendijo con toda bendición espiritual en los lugares celestiales en Cristo, según nos escogió en él antes de la fundación del mundo, para que fuésemos santos y sin mancha delante de él, en amor habiéndonos predestinado para ser adoptados hijos suyos por medio de Jesucristo, según el puro afecto de su voluntad.*
>
> (Efesios 1:3-5)

No creer esta verdad tan simple (que somos sus hijos) está impidiendo que muchas personas entren a una relación profunda con Dios nuestro Padre y reciban respuestas a las oraciones de sus corazones.

¿Cómo podremos hacer obras mayores que las que hizo Jesús (véase Juan 14:12) si no creemos que Dios se encontrará con nosotros en nuestro aposento de oración? ¿Cómo podremos ser como los primeros discípulos que "trastornan el mundo entero" (Hechos 17:6) si no confiamos en que Él responderá nuestras oraciones? ¿Cómo podrá Él guiarnos al trabajo perfecto, o ayudarnos a comenzar el negocio de nuestros sueños, o bendecir nuestro ministerio si no creemos en las promesas de la Biblia?

Dios está esperando que usted le tome la palabra. Después de todo, los deseos de su corazón son semillas que Él plantó en su vida, y debe confiar en Él. Crea en el poder que Dios ha puesto en su interior (no en sus propias capacidades, sino en el poder de Él) y dé ese paso de fe. Recuerde: si no tenemos cuidado, ¡solo haremos oraciones que podríamos responder nosotros mismos!

> No lo intente luchando en sus propias fuerzas; ríndase a los pies del Señor Jesús y espere en Él confiando plenamente en que Él está con usted y trabaja en su interior... luche en oración; deje que la fe llene su corazón para que sea fuerte en el Señor y en el poder de su fuerza.[26]

Porque usted se ha dedicado a estos veintiún días de oración ferviente y de acuerdo, creo que su corazón y su ser interior realmente anhela conectarse más íntimamente con Dios el Padre, Jesús su Hijo y el Espíritu Santo. Creo que este viaje que estamos recorriendo juntos en oración es un regalo de Dios para usted. Sé que lo ha sido para mí.

---

26. Andrew Murray, *Andrew Murray on Prayer* (New Kensington, PA: Whitaker House, 1998).

Vayamos juntos en oración ante el Señor en este día 17. Oraremos fervientemente para que las peticiones secretas de nuestros corazones sean respondidas por el Dios que nos ama y quiere lo mejor para nuestras vidas. También oraremos por nuestros pastores y sus familias, que puedan levantar los deseos de su corazón al Señor en oración y confiar en que Él los escuchará y responderá.

Día 18

Oren sin cesar

Jim & Cathy Maxim

"La oración no es un ejercicio, es un estilo de vida".[27]
—*Oswald Chambers*

Estad siempre gozosos. Orad sin cesar. Dad gracias en todo, porque esta es la voluntad de Dios para con vosotros en Cristo Jesús.
—1 Tesalonicenses 5:16-18

[Oren] en todo tiempo con toda oración y súplica en el Espíritu, y velando en ello con toda perseverancia y súplica por todos los santos.
—Efesios 6:18

No muchos cristianos pasan el día entero, todos los días, orando postrados, caminando con la cabeza agachada y las manos cerradas, u orando sin interrupción mientras trabajan, compran o van en auto por la ciudad.

El concepto de orar sin cesar se relaciona más directamente con una actitud o primer acto de respuesta a todo lo que ocurre en nuestras vidas.

27. Oswald Chambers, *My Utmost for His Highest*, classic ed. (Grand Rapids, MI: Discovery House, 2011).

La palabra griega para "cesar" es *adialeiptos*, que puede traducirse como "sin omisión". No deberíamos omitir la oración de cualquiera de las situaciones que surjan en nuestra vida, ya sea algo simple o desastroso. Como dijo Pablo en Efesios 6, debemos permanecer alerta, enseñándonos a nosotros mismos a orar en primer lugar cuando la vida asalta nuestros planes. Deberíamos orar durante el día según surjan pensamientos o necesidades, sin limitarnos a una reunión de oración los miércoles en la noche o unos minutos al final del día.

Nuestro cuerpo hace algunas cosas automáticamente como mecanismos de respuesta en emergencias ante acciones o ruidos repentinos. ¿Por qué no enseñar a nuestros corazones a responder también de manera inmediata con oración? Siempre deberíamos ser sensibles a las necesidades que nos rodean, sin acostumbrarnos nunca a las cosas que gritan pidiendo nuestra intercesión, como alguien que vive en una gran ciudad y ya no escucha los ruidos a su alrededor. No queremos ir por la vida observando a las personas y las cosas que ocurren (necesidades obvias de oración) sin reaccionar, o solo haciendo una nota mental para recordar orar por ellos en la próxima reunión de oración.

Oren sin cesar. ¿Cuál es nuestra primera reacción tras una decepción, una crisis, una tragedia o un éxito? ¿Confiamos en Dios todo el día, todos los días, o solo cuando sufrimos una decepción, una crisis, una tragedia o un éxito? ¿Nos acordamos de Dios solo en la mañana y en la noche justo antes de acostarnos?

¿Realmente creemos que la oración cambia las cosas? ¿Realmente creemos que Dios interviene en los asuntos del ser humano? Si es así, ¿por qué no oramos sin cesar? Si la oración es tan importante para nosotros y para el resto del mundo, ¿por qué no aprovechamos todas las oportunidades para orar, llenos del poder del Espíritu Santo todo el tiempo? Si usted es como yo, estará respondiendo sí a todas estas preguntas. Si se pregunta cómo podemos hacerlo, lo analizaremos un paso cada vez.

Lo que buscamos es progreso, no perfección. Comencemos viendo oportunidades normales del día a día para orar, y después cómo construir una vida de oración desde ahí.

- ¿En la mañana, cuando se levanta, usted dice: "Ya es de día, Dios mío" o "Dios mío, ya es de día"? ¡La oración que es tan fácil como la comunicación o una conversación es una oración directa y que aumenta nuestra fe!
- El tiempo de conducción/transporte: puede tomar el control de ese tiempo y prepararse para el día en la fuerza de Dios. Puede orar por otros que también necesitan la gracia y la dirección de Dios para su día. Como mencioné anteriormente, durante años mi oración en la mañana ha sido: "Dios Padre, en el nombre de Jesús, por favor úsame para avivar hoy la fe del corazón de alguien. Señor, por favor ayúdame a compartir hoy tu amor con alguien".
- Antes de cada comida: orar por la comida puede parecer un ritual para algunas personas. ¿Por qué no bendecir la comida rápidamente y después sacar su lista de oración? ¡Hay aplicaciones para tomar notas en cualquier celular! No tiene que orar por todas las necesidades cuando se acerque a la presencia del Señor, solo las dos primeras o las dos siguientes. Bendiga al presidente y a nuestros líderes de gobierno, bendiga a su pastor y a su familia tres veces al día ¡y verá lo que ocurre!
- Cada vez que piense en su cónyuge, sus hijos o nietos o les dé un abrazo, ore bendiciendo sus vidas en el nombre de Jesús.
- Durante cualquier crisis: entrene sus sentidos para responder primero con oración. No recuerdo cuándo fue la primera vez que ocurrió esto, pero cada vez que veo una ambulancia con las sirenas o las luces encendidas, oro para que Dios sea glorificado en medio de esa situación.

- En la noche: la oración puede ser más planificada y tranquila, más general y más relajante, así como más unificadora para las parejas casadas, si oran con sus cónyuges.

Únase a nosotros en el día 18 orando juntos para que el Espíritu nos guíe a una vida de oración continua. Llevemos al Señor las necesidades de nuestros líderes y aquellos que nos rodean como parte integral de nuestras vidas diarias en el Espíritu.

Día 19

Una vida de oración

Daniel Henderson

"La oración no es lo único que hacemos, pero sí es lo primero que hacemos. No es nuestro último recurso, pero sí nuestra primera respuesta y nuestra decisión firme".
—*Daniel Henderson*

Por lo cual también nosotros, desde el día que lo oímos, no cesamos de orar por vosotros, y de pedir que seáis llenos del conocimiento de su voluntad en toda sabiduría e inteligencia espiritual.
—Colosenses 1:9

Perseverad en la oración, velando en ella con acción de gracias.
—Colosenses 4:2

Recientemente, mientras leía la carta de Pablo a los creyentes en Colosas, me sorprendió un pensamiento nuevo. A lo largo de los años siempre había supuesto que Pablo simplemente oraba mientras escribía la carta a los Colosenses (lo cual obviamente hizo, ya que el Espíritu Santo lo inspiró). Sin embargo, no podía dejar de preguntarme si, en efecto, Pablo escribió la carta en el contexto de una oración.

En un estilo que es bastante típico de Pablo, comienza su carta a los Colosenses con una referencia a sus oraciones de acción de gracias por estos creyentes, lo cual le conduce a escribir una oración extensa por ellos inspirado por el Espíritu (Colosenses 1:9-14). Esta oración espiritual sienta las bases para el resto de la carta. La oración enmarcaba la gran lucha que sentía por ellos en su alma (véase Colosenses 2:1), lo cual algunos comentaristas creen que era principalmente una batalla en sus oraciones por ellos.

A medida que Pablo iba concluyendo su carta, regresó a la realidad de la oración. Se podría decir que los instó a unirse a él en oración y esperaba que siguieran su ejemplo. Quería que hicieran lo que él había hecho al orar por ellos, pidiendo al Señor con una actitud de agradecimiento que los bendijera espiritualmente. Al terminar, les presentó este reto: *Perseverad en la oración, velando en ella con acción de gracias* (Colosenses 4:2).

Por lo tanto, descubrimos que la oración estaba entrelazada a lo largo de la carta a los Colosenses porque estaba integrada muy profundamente en el corazón de Pablo según escribía. Sus palabras y su liderazgo eran evidencias de su búsqueda de Cristo y su vida de oración.

Muy a menudo organizamos nuestros tiempos de oración en torno a nuestras actividades regulares, en lugar de organizar nuestras actividades en torno a nuestros tiempos de oración. Tal vez pensamos en la oración como un "compartimento" separado de nuestra rutina en lugar de ser una necesidad minuto a minuto de nuestra vida diaria. El modelo de Pablo nos recuerda que la oración da forma al ambiente y al contenido de todo lo que hacemos, y es lo que alimenta nuestra pasión espiritual diaria.

Mi amigo el pastor Keeney Dickenson una vez resaltó: "Tendemos a orar en el contexto del ministerio. Jesús ministró en el contexto de la oración". En nuestro estilo de vida actual es fácil dibujar una línea firme entre la oración y el estudio de la Biblia. Vemos una distinción clara entre la oración y la actividad ministerial. Esto se ve con frecuencia en la tradición que tenemos de abrir y cerrar nuestras reuniones con oración. Tal vez para Jesús y Pablo esa línea era prácticamente indiscernible. La oración no era una tarea obligatoria ligada a algunas responsabilidades específicas, sino más bien un deseo espiritual punzante que impregnaba todas las áreas de la vida.

¿Qué podría ocurrir si viviéramos, nos relacionáramos, trabajáramos y sirviéramos en el contexto de una vida de oración? No hay duda de que seríamos mucho más conscientes de la presencia, el poder y las promesas del Espíritu Santo. Nuestra orientación en la vida diaria sería eterna y no temporal. Si viviéramos una vida de oración, la voz que gritaría más fuerte en nuestro día no sería la de nuestras propias emociones o las opiniones de los demás, sino la de la voluntad del Espíritu Santo. Podríamos obedecer mejor sus indicaciones, declarar sus verdades y dar testimonio de su evangelio valientemente a los demás. Viviríamos una vida de suficiencia en lugar de enfocarnos en nuestra escasez. Permanecer en la oración cambiaría todos los razonamientos de nuestra mente, todas las relaciones en el hogar y todas las reacciones a las dificultades de la vida.

Por lo tanto, pídale hoy al Espíritu Santo que le dé una convicción profunda, una conciencia renovada y un compromiso reforzado de permanecer en Cristo por medio de una vida de oración.

Oremos por nuestra iglesia de la misma manera. Pidámosle al Señor que les dé un mayor entendimiento del papel de la oración en la vida diaria, las relaciones interpersonales, las decisiones y el servicio del rebaño.

Día 20

La oración es lo correcto

Daniel Henderson

"Hablar por Dios con personas es estupendo, pero hablar por otras personas con Dios es aún mejor".[28]
—*E. M. Bounds*

Pero os ruego, hermanos, por nuestro Señor Jesucristo y por el amor del Espíritu, que me ayudéis orando por mí a Dios, para que sea librado de los rebeldes que están en Judea, y que la ofrenda de mi servicio a los santos en Jerusalén sea acepta; para que con gozo llegue a vosotros por la voluntad de Dios, y que sea recreado juntamente con vosotros. Y el Dios de paz sea con todos vosotros. Amén.
—Romanos 15:30-33

El apóstol Pablo dependía en gran manera de las oraciones de las iglesias para llevar a cabo su ministerio (véase 2 Corintios 1:8-11; Efesios 6:18-19; Colosenses 4:2-4; 1 Tesalonicenses 5:25; 2 Tesalonicenses 3:1). En Romanos 15 expuso sus planes de llevar una ofrenda de amor a los creyentes judíos en Jerusalén que estaban atravesando dificultades mientras terminaba la colecta entre las iglesias gentiles. Después de su visita

28. E. M. Bounds, *E. M. Bounds on Prayer* (Peabody, MA: Hendrickson Publishers, 2006), 115.

a Jerusalén, esperaba visitar a los creyentes en Roma y después viajar a España para predicar el evangelio. Conociendo la batalla espiritual que le rodeaba en todas esas aventuras ministeriales, Pablo instó a los creyentes de Roma a que oraran por él, con instrucciones específicas sobre cómo orar y por qué motivos cuando practicaran esa inversión estratégica de intercesión focalizada.

Es posible hacer lo correcto por las razones equivocadas. La oración es lo correcto. Pablo nos dio razones de peso para que fuéramos obedientes en nuestra intercesión. Pablo comenzó esta petición diciendo: *Pero os ruego, hermanos…* (Romanos 15:30). Usó el término griego *parakaleo,* que significa "pedir que alguien se acerque".[29] Como hizo en 1 Timoteo 2:1-3, Pablo instó a los cristianos a que intercedieran por los líderes. Sabiendo que es nuestra tarea hacerlo, deberíamos orar por los líderes de la iglesia.

Más allá de un simple deber, debemos tener un deseo intenso. Este deseo está arraigado en nuestro aprecio y adoración de Cristo. Pablo instó a los creyentes, *por nuestro Señor Jesucristo,* a orar (Romanos 15:30). La provisión de Cristo no solo nos da la capacidad de orar (véase Hebreos 7:25; 10:20-22), sino que también la persona de Cristo nos motiva a orar: su gloria, su nombre y su prestigio.

Pablo también nos llamó a orar "por el amor del Espíritu" (Romanos 15:30). La traducción más literal sería "por el amor que le tienen al Espíritu Santo".[30] Nuestro amor por la persona y el poder del Espíritu Santo nos motiva a orar para que el Espíritu se muestre en las vidas y los ministerios de nuestros líderes espirituales.

Pablo siguió instando a los creyentes: *Que se esfuercen juntamente conmigo en sus oraciones a Dios por mí* (NBLA). Esto refleja la naturaleza

---

29. W. E. Vine, *Diccionario Expositivo de Palabras del Antiguo y Nuevo Testamento Exhaustivo de Vine* (Nashville: Thomas Nelson, 1988).
30. John MacArthur, *Biblia de Estudio MacArthur* (Nashville, TN: Nelson Bibles, 2006), p. 1691.

intensa de la oración debido a la seriedad de la batalla espiritual que enfrentamos. Les pide a sus amigos en Roma y a nosotros que enfrentemos a nuestros adversarios espirituales mientras luchamos de rodillas (véase 1 Corintios 9:25; Colosenses 4:12; 1 Timoteo 4:10; 6:12; 2 Timoteo 4:7).

Después, Pablo detalló tres peticiones de oración clave. En primer lugar, pidió "para que sea librado de los rebeldes que están en Judea" (Romanos 15:31). Se refería a algunos judíos hostiles que lo odiaban y querían asesinarlo. Su camino de regreso a Jerusalén era peligroso porque se enfrentaría a cadenas y tribulaciones (véase Hechos 20:22-24). Nuestros líderes espirituales hoy día tal vez no enfrenten persecución humana como lo hizo Pablo, pero el diablo los bombardea constantemente con peligros, dificultades y trampas. Debemos orar por su protección.

Como segunda petición, Pablo pidió a los creyentes "que mi servicio a Jerusalén sea aceptable a los santos" (Romanos 15:31, NBLA). Como ya hemos destacado, llevaba un regalo de amor de los creyentes gentiles a los creyentes judíos en Jerusalén. Conociendo la división, falta de confianza y prejuicios que existían en ese momento, estaba corriendo un riesgo: su regalo podría ser rechazado o sus motivaciones cuestionadas. Necesitaba oración para que el Señor hiciera que los corazones estuvieran receptivos y bendijera sus esfuerzos ministeriales. Debemos orar por la prosperidad de los esfuerzos ministeriales de nuestros líderes.

En tercer lugar, Pablo pidió oración "para que con gozo llegue a ustedes por la voluntad de Dios, y encuentre confortante reposo con ustedes" (Romanos 15:32, NBLA). Conociendo las dificultades y el esfuerzo de su tarea de liderazgo, Pablo les pidió que oraran por su gozo y reposo cuando llegara para estar con ellos. Nosotros también debemos orar pidiendo la provisión del Señor en los corazones y las almas de nuestros líderes de la iglesia.

Los resultados de estas oraciones a favor de Pablo están descritos en Hechos 21:15–28:31. Los creyentes judíos recibieron con alegría este regalo de amor (véase Hechos 21:17). Después, Dios usó al gobierno romano para proteger a Pablo de los planes de asesinato de sus detractores judíos (véase Hechos 21:30–23:24). Dios también protegió a Pablo del naufragio y la mordedura de una serpiente cuando después viajó a Roma (véase Hechos 27:1–28:16). Mientras estaba bajo arresto domiciliario en Roma, muchos creyentes vinieron a ver a Pablo y probablemente lo animaron, como se describe específicamente en el fiel aliento de un hombre llamado Onesíforo (véase 2 Timoteo 1:16).

Entonces, ¿qué podemos esperar cuando oramos por nuestros líderes de este modo? Deberíamos esperar, con seguridad, respuestas divinas en las vidas de nuestros líderes, pero también podemos esperar que "el Dios de paz sea con todos vosotros" (Romanos 15:33). A medida que oremos con fervor por las necesidades y los ministerios de nuestros líderes espirituales, conoceremos al Dios de paz y experimentaremos la paz de Dios en nuestros corazones y en nuestras circunstancias.

> *Por nada estéis afanosos, sino sean conocidas vuestras peticiones delante de Dios en toda oración y ruego, con acción de gracias. Y la paz de Dios, que sobrepasa todo entendimiento, guardará vuestros corazones y vuestros pensamientos en Cristo Jesús.*
>
> (Filipenses 4:6-7)

Qué bendición aprender a orar basándonos en este pasaje y unirnos al trabajo tan importante que Dios está haciendo de difundir el evangelio a través de sus líderes y su iglesia.

Día 21

La voluntad de Dios es responder

Jim & Cathy Maxim

"La oración es agradable a oídos de Dios; derrite su corazón y abre su mano. Dios no puede negarse ante un alma que ora".[31]
—*Thomas Watson*

Y yo os digo: Pedid, y se os dará; buscad, y hallaréis; llamad, y se os abrirá. Porque todo aquel que pide, recibe; y el que busca, halla; y al que llama, se le abrirá.
—Lucas 11:9-10

Cuando estamos orando, nunca deberíamos sentir que estamos torciéndole el brazo a Dios o intentando superar su reticencia a ayudarnos. Responder a nuestras oraciones es la voluntad de Dios. Recuerde que la Palabra de Dios nos dice: *Esta es la confianza que tenemos en él, que si pedimos alguna cosa conforme a su voluntad, él nos oye. Y si sabemos que él nos oye en cualquiera cosa que pidamos, sabemos que tenemos las peticiones que le hayamos hecho* (1 Juan 5:14-15). Su Padre Dios anhela darle los deseos de su corazón. Dios anhela bendecir su vida. Anhela caminar a su lado.

---

31. Thomas Watson, *La imagen del hombre piadoso* (Zeeland, MI: Reformed Church Publications, 2009), p. 98.

Recuerde que Dios es un Padre que quiere escuchar y responder a sus hijos. Jesús nos aseguró: *Pues si vosotros, siendo malos, sabéis dar buenas dádivas a vuestros hijos, ¿cuánto más vuestro Padre que está en los cielos dará buenas cosas a los que le pidan?* (Mateo 7:11). Por supuesto, sabemos que esto no significa que todo lo que queramos siempre será la voluntad de Dios para nuestras vidas, pero sí significa que si nuestras oraciones están alineadas con su Palabra y su voluntad, Él las responderá con su poder y su fuerza.

Jesús animó de todas las maneras posibles a sus discípulos para que oraran. *Hasta ahora nada habéis pedido en mi nombre; pedid, y recibiréis, para que vuestro gozo sea cumplido* (Juan 16:24). *Y todo lo que pidiereis al Padre en mi nombre, lo haré, para que el Padre sea glorificado en el Hijo. Si algo pidiereis en mi nombre, yo lo haré* (Juan 14:13-14).

En el Antiguo Testamento, Dios nos dijo una y otra vez que su deseo era escuchar y responder a nuestras oraciones: *Entonces me invocaréis, y vendréis y oraréis a mí, y yo os oiré* (Jeremías 29:12). *Yo te he invocado, por cuanto tú me oirás, oh Dios; inclina a mí tu oído, escucha mi palabra [oración]* (Salmos 17:6).

R. A. Torrey escribió: "Dios no ha cambiado; su oído sigue siendo rápido para escuchar las oraciones sinceras, y su brazo es más fuerte que nunca para salvar".[32]

La Biblia también dice: *Sin fe es imposible agradar a Dios; porque es necesario que el que se acerca a Dios crea que le hay, y que es galardonador de los que le buscan* (Hebreos 11:6). ¿Por qué dijo eso el autor de Hebreos? Porque responder al clamor de nuestras almas es la naturaleza de Dios. Él sabe cuán débiles somos. Sabe lo mucho que lo necesitamos a Él. Anhela que usted tenga la clase de fe que clama a Él a diario y cree con todo el corazón que las cosas que le pide serán hechas.

32. R. A. Torrey, *El poder de la oración; la oración con poder* (Nueva York: Cosimo Publications, 2009), p. 17.

La oración es algo sencillo. Es sobrenatural; es una obra moral misteriosa del Espíritu Santo, pero no es lógica. Para cualquiera que no esté relacionado con nuestro Señor Jesucristo, eso de orar buscando a alguien invisible parece ridículo; sin embargo, sabemos que Él nos escucha. Definitivamente hace falta fe para orar.

Se ha dicho que ningún hombre, por muy intelectual que sea, es más grande que su vida de oración. Dios anhela avivar nuestra vida de oración. Dios anhela derramar al Espíritu Santo en el interior de cada uno de nosotros de manera tan sobrenatural que anhelemos correr a Él cada día y estar con Él en oración, alabando y adorándolo. Dios anhela tener esa comunión íntima con nosotros. ¡Dios es bueno!

Al orar juntos en común acuerdo estos 21 días hemos tenido la certeza de que Dios ha escuchado nuestras oraciones. Ha sido un honor y un placer orar junto a usted.

Si aún quedan situaciones que parecen sobrecogedoras o imposibles en su vida, o si no tiene a alguien con quien orar regularmente, le animamos a ponerse en contacto con un pastor que esté cerca de usted. Contacte con una iglesia local, especialmente una que crea en el poder de la oración para cambiar vidas. La iglesia de Jesucristo está ahí para amarle, animarle y bendecirle.

¡Únase a nosotros en el día 21, nuestro último día juntos, para alabar a Dios por su fidelidad al escucharnos y responder a nuestras oraciones! ¡Vayamos ante Él en oración porque Él ha aumentado nuestra fe! Oremos también en común acuerdo los unos por los otros y por nuestros pastores y líderes, así como para que nuestra fe en las respuestas de Dios a las oraciones siga creciendo. ¡A Dios sea la gloria! ¡Él ha hecho grandes cosas!

Acerca de los autores

Hace casi cuarenta años, Jim Maxim estaba pasando el peor momento de su vida. Mientras yacía tumbado a las puertas de la muerte, la madre de Jim oró por su alma. Dios respondió a su oración y Jesucristo reclamó, redimió y transformó la vida de Jim. La historia de la conversión dramática de Jim está escrita en su libro *Cara a cara con Dios*.

Jim sirvió en el cuerpo de Marines de los Estados Unidos y creó varias empresas de éxito dentro de la industria automovilística. Mientras trabajaba como emprendedor, sirvió a Dios en el ministerio de las prisiones, como orador y como miembro de la junta de ministerios como *Hope Pregnancy Center, Valley Forge Leadership Prayer Breakfast,* y otros.

En 2011 Jim y su esposa Cathy fundaron *Acts413 Ministries,* a través del cual evangelizan, ofrecen consejería y ministran en el nombre de Jesús por todo el mundo. En particular, Jim tiene la carga de orar por los demás y guiarlos a orar intercediendo por pastores, sus familias y las iglesias.

Las actividades destacadas de *Acts413 Ministries* son las reuniones de oración para toda la ciudad que se hacen por todo Estados Unidos. Sirven de catalizador para movilizar al cuerpo de Cristo para interceder por nuestros pastores y sus familias. Cristianos de todas las denominaciones, contextos socioeconómicos, culturas y razas adoran y oran por medio de las Escrituras en el nombre de Jesucristo. Aunque las oraciones pueden cubrir muchos temas diferentes, siempre hay un enfoque especial en interceder por los pastores, sus familias y las iglesias. Jim cree firmemente que la iglesia es el plan principal de Dios para ministrar al pueblo de Dios en la tierra.

Los Maxim tienen tres hijos, tres nueras y tres nietos.

Al ser pastor principal por más de dos décadas, Daniel Henderson llevó un avivamiento basado en la oración a muchas iglesias. Ahora, como presidente de *Strategic Renewal,* dedica todos sus esfuerzos a ayudar a congregaciones de todo el país y el mundo a experimentar renovación.

Daniel está muy solicitado por su experiencia en liderar la oración conjunta. Ha escrito varios libros acerca del liderazgo bíblico y la oración, entre los que se incluyen *Old Paths, New Power,* así como *Transforming Prayer: How Everything Changes When You Seek God's Face.*